TISZTA DZOGCSEN

ZSANG ZSUNG HAGYOMÁNY

E könyvet mérhetetlen
tisztelettel ajánlom
az összes kedves és bölcs
tanítómnak, értékelve
fáradhatatlan igyekezetüket.
Váljon a tanítványaim és
az összes érző lény hasznára
és megszabadulására.

Tiszta Dzogcsen

ZSANG ZSUNG HAGYOMÁNY

Geshe Dangsong Namgyal

Fordította: Urgyen   Lektorálta: Csontos Éva Etelka

Namkha Publications
California, USA

AZ EREDETI MŰ CÍME: PURE DZOGCHEN

Copyright © 2025 par Geshe Dangsong Namgyal

[Első kiadás: Copyright © 2019 par Geshe Dangsong Namgyal]

A magyar nyelvű kiadásra vonatkozóan:
Minden jog fenntartva. A könyv egyetlen része sem reprodukálható vagy továbbítható semmilyen formában vagy eszközzel, legyen az elektronikus vagy mechanikus, beleértve a fénymásolást, rögzítést, vagy bármilyen információtároló és visszakereső rendszer használatát,

ISBN: 978-0-9996898-8-2

© A könyvben található hagyományos ábrákat Norbu Lhundrub készítette.

TARTALOM

Bevező	11
1. A tudat keresése	16
2. Minden a tudat	18
3. Két kezdeti folyamat	20
4. A Természetes Tudat felismerése	22
5. Eredendő Tisztaság	24
6. A Természetes Tudat Spontán Minősége	26
7. Miért Nagy Tökéletesség (Dzog csen)?	28
8. A Természetes Tudat Jellegzetességei	30
9. A Jó Tulajdonságaink Megvalósítása	32
10. Mi a Szivárványtest?	34
11. "Reménytől és Félelemtől Mentesség" a Gyümölcs	36
12. A Három Megnyilvánulás	38
13. A Tudatlanság és a Létforgatag Megjelenési Módja	40
14. A Három Megvilágosodott Test a Dzogcsen Szerint	42
15. Egyidejű Megjelenés és Felszabadulás	44
16. A Természetes Tudat Megértésének Három Módja	46
17. Az Anya, Gyermek és Megnyilvánulás Felismerése	48
18. A Karma és a Természetes Tudat	50
19. Tisztítás a Dzogcsenben	52
20. A Titkos Menedék Bevezetése	54
21. A Két Bodhicsitta a Dzogcsenben	56
22. A Gondolatok Felhőkként Elhaladnak	58

23.	Három Lépés: Pihenés, Rombolás, Maradás	60
24.	A Gondolatok Természete	62
25.	Mi az Ego és az Ego-ragaszkodás?	64
26.	Kezdeti Tapasztalások	66
27.	A Siker Jelei	68
28.	A Természetes Tudatban Tartózkodás	70
29.	Kontempláció	72
30.	A Kontempláció Módja	74
31.	A Megvalósítás Három Szintje	76
32.	A Lazaság Megoldása	78
33.	Az Izgatottság Megoldása	80
34.	Ön-felszabadulás a Természetes Tudat Szemléletében	82
35.	Az Ön-ismerő Bölcsesség	84
36.	Hagyjuk El a Szavakat, Foglalkozzunk a Jelentéssel	86
37.	Úton Haladás	88
38.	A Különböző Viselkedések Alkalmazása	90
39.	Zavarodottságmentes Nem-meditáció	92
40.	Elfogulatlanság: a Dzogcsennek Megfelelő Szemlélet	94
41.	Egyet Ismerve Minden Megszabadul	96
42.	Az Öt Egyhegyű Útmutatás	98
43.	Dzogcsen Fogadalom	100
44.	A Felismerő Tudat és Tudatosság	102

45.	Az Önmagától Eredő Bölcsesség	104
46.	A Belső Bölcsesség Megjelenése	106
47.	Átvágás vagy Trekcsö	108
48.	„Tögal" Közvetlen Átkelés	110
49.	A Megragadó és Megragadott Nem-kettősségének Szemlélete	112
50.	Nemcselekvés és Nyomtalanság	115
51.	A Nyugodt Időzés és az Átlátás Meditációja a Dzogcsenben	116
52.	A Három Tevékenység a Dzogcsen Útján	118
53.	Jogorvoslatok a Feljövő Fogalmak Meditációjához	120
54.	Különleges Tapasztalások és Megvalósítások	122
55.	Lényeg, Természet és Együttérzés	124
56.	A Két Igazság Elválaszthatatlansága a Dzogcsenben	126
57.	Az Alap-megnyilvánulás Megjelenítése	128
58.	A Végső Természet Csak a Dzogcsennel Tárul Fel	130
59.	A Világosság Felismerésének Erőteljes Módszere	132
60.	A Szennyező Kétség	134
61.	A Jelenség Különösen Jó Tanító	136
Köszönetnyilvánítás		139
A Szerzőről		141

Bevezető

Megosztom veled a saját történetemet, hogyan is léptem a Tiszta Dzogcsen útjára. Ifjú koromban Togden Serab Phuncog, Khampo Nyima Lodo és Lobpon Cultrim Namdag nagy dzogcsenmesterekkel találkoztam, és így dzogcsentanításokat kaptam Tibetben. Elvégeztem a teljes kilencszázezres ngöndro gyakorlatot, és különösen a Kalung Gyatszot (kiterjedt hároméves ngöndro).

Sok dzogcsenmester tanácsolta, hogy a tökéletes dzogcsen megvalósítás eléréséhez, jó lenne, ha más járműveket is tanulmányoznék. Tanácsukat követve a tibeti Lungkar kolostorban kezdtem, szutra filozófiát, logikát és buddhista pszichológiát tanulva. A további tréningjeim többsége, Indiába érkezésem után történt, a Menri kolostorban, és aztán a Sera Je kolostoregyetemen Choden Rinpocse nagymesterrel, Losang Tsering és Losang Delek előző apátokkal. A Sera Jeben való tartózkodásom időszakában, körülbelül háromezer szerzetes gyűlt össze a vitára minden este, és néha reggel is. Ebben az időben hosszú ideig recitáltuk a Szív Szutrát és a Tara imát. Megkíséreltem dzogcsen meditációkat gyakorolni, ezen imaszakaszok alatt. Először nehéz volt ezt tennem, de idővel könnyebb lett. Általában, amikor szomorú, mérges, boldogtalan voltam, vagy honvágyam volt, dzogcsen meditációkat alkalmaztam, mert mérhetetlenül segítő volt.

Évekkel később, amikor visszatértem a saját hagyományvonalamhoz a Triten Norbutse kolostoron keresztül Nepálban, sok barátom azt gondolta, hogy már nem érdekel a dzogcsen, mert évekig a Sera kolostorban tanultam, ahol ők nem gyakorolnak dzogcsent. Barátaim feltételezték, hogy elkapott a gelugpák fokozatos szemlélete. Igazából, egyikük sem tudta valóban felmérni, hogy milyen másik gyakorlatom és szemléletem van, mely végső soron belső, „titkos" ügy, tehát nem volt értelme, hogy magyarázzam belső tapasztalásomat. Lopön Tenzin Namdak Rinpocsetől tanultam a dzogcsent és a tantrát Nepálban. Tanultam a szutrát és a tantrát a bön és a gelug hagyományok mélységeiből. Végül, a megvalósításom szempontjából a Tiszta Dzogcsen érdekelt. Tehát, amikor dzogcsent tanítok, nem vegyítem a szutrával és a tantrával.

Ez a könyv ezért a Tiszta Dzogcsen tanítások összeállítása, melyet tanítványaimnak és a nagyközönségnek ajánlottam fel Észak-Kaliforniában, és idézeteket tartalmaz Zsang Zsung szóbeli hagyományából.

E tanítás a kezdetétől átadhatja a Tudat Természetének tapasztalását. Gyakran feltételezik, hogy a megszabadulás útja nagyon hosszú, talán több élet is. A Tiszta Dzogcsen megközelítésben, mivel a Tudat Természete közvetlenül átadott a hagyomány és a tanító által, a folyamat sokkal gyorsabb lehet. A szutra tanításokban az útról azt mondják, hogy beteljesítése három hosszú világkorszakot igényel, a tantra útja gyorsabb lehet, de még mindig nagy erőfeszítést és összetettséget foglal magában. Ebben a Tiszta Dzogcsen megközelítésben, mivel a Tudat Természete közvetlenül fel van tárva, a teljes megvalósítás nagyon gyorsan történhet. Amennyiben a Tudat Természete közvetlenül hozzáférhető a dzogcsenben, a tisztulás folyamata megvilágosodásként jelenik meg e kinyilatkozás által. A mentális szenvedések elveszítik megragadásukat a tudatban, ahogy a mélyebb természet egyre tisztábbá válik. Nem számít, hogy mi a fájdalmas tapasztaláshoz és érzelmekhez kapcsolódó háttér-ország, nem, kor, faj, a Tiszta Dzogcsen útja gyorsan a Tudat Természete meghaladó felismerésébe hoz, sokkal kevesebb erőfeszítéssel, mint a hagyományos szutra és tantra megközelítések. Ez azért van, mert a felismerés ereje közvetlenül alá ássa a mentális szenvedések alapjait, vagyis a közönséges kettős tudatot.

Ebből a szempontból, a Tudat Természete meditációja a legerőteljesebb mód a tudat megtisztítására, még a világkorszakok negatív karmikus lenyomataitól is. A Tiszta Dzogcsen útja a Tudat Természetének közvetlen tapasztalása, a buddhista szutra és a szövegek tanulmányozása nem szükséges. Valójában, ha világi, agnosztikus, ateista szemponttal rendelkezve közelítünk, az sem számít a szövegek tanulmányozásakor. A Tudat Természete meghalad minden hitet és filozófiát, a valósága magától értetődően közvetlen. A Tiszta Dzogcsen szempontja módszertanilag filozófiával magyarázható a logika és a gondolkodás által, habár a végső célja meghaladja a logikát és a gondolkodást.

A Tiszta Dzogcsen tanításokban, az által, hogy a dharmakája mindig már jelen van a tudat legfinomabb rétegeként, e tanítás és gyakorlás általi felismerése egyszerre megszüli az Alapot, Utat és Eredményt. Ez azt jelenti, hogy a Tiszta Dzogcsen folyamata, vagyis a végső Tudat Természete felismerésének Útja, vagyis maga az „Alap" létrehozza e felismerés egyre növekvő világosságát, az „Eredményt". A Tiszta Dzogcsen azt állítja, hogy a Tudat Természete belső minőség, ahelyett, hogy egy „mag" lenne, melyet művelni kell az időben, valóban nem egyeztethető össze más megközelítésekkel. A Tiszta Dzogcsen gyakorlásának végső gyümölcse a Szivárvány-Fénytest megvalósítása, e mély megvalósítás megnyilvánulása egyedül a dzogcsen útján található.

Hiszem, hogy az eredendő Buddhatermészetbe közvetlenül történő bevezetés a Tiszta Dzogcsen tanítások által, vagyis, akik ezekbe a tanításokba részesülnek, e felismerés által felfedezik az igazi békét, erőt és félelemmentességet az életükben, és a bizalmat a végső, pozitív halál, bardo és újraszületés tapasztalásához.

—Geshe Dangsong Namgyal

1.

A természetes tudat
a drágakőhöz hasonló.
A tudatot keresve,
nem találod.
Még hogyha
nem is keresed,
sosem vész el,
és sosem válik el.

A tudat keresése

Nagyon fontos felismerni tudatunkat, mert a tudat által eljutunk a tudatot meghaladóba. Természetesen, mindenki tudja, hogy van tudatunk, mert mindig gondolkodunk. Mi a tudat? A tudósok azt állítják, hogy a tudat az agysejtekben található, de a tapasztalásunk azt mondja számunkra, hogy a tudatunk és a gondolataink nem sejtek. Ha valóban meg akarjuk keresni a tudatunkat, nem is olyan könnyű. Történetek vannak tanítványokról, akik tudatukat a hegyekben, tengerben, sziklában vagy fában keresték. Ezek a történetek arra a tényre mutatnak rá, hogy a tudat kereséséért nézzünk magunkba, ne kívülre. Van konvencionális tudatunk, mely a múlt, jelen és jövő gondolataival foglalkozik. Az összes tevékenységet e tudat hajtja végre, de nem ismerjük a valódi állapotát. Először fel kell ismernünk a konvencionális tudatot. Ezután megkeressük a Természetes Tudatot, mely meghaladja a konvencionális tudat fogalmait és a szavakat.

2.

A születéstől és haláltól
félő személy,
elragadó magányos
elvonulást végez
remeteségben.
Az ilyen személy
felismeri minden alapját,
és mély meggyőződést nyer
a veleszületett ön-tudatosságában.

Minden a tudat

Mi a tudatállapotunk? A tudat minden forrása. Az általunk tapasztalt összes pozitív és negatív dolog a tudattól függ. Amikor ügyesen használjuk tudatunkat, van bizonyos ellenőrzésünk. Például a gyakorló, aki reggel felkel és lefekteti a motivációját, hogy „Ma pozitív, békés és együttérző szeretnék lenni", észre veheti, hogy a napja olyanná vált. Délben rágondol újra a motivációjára. Pozitívabb gondolkodás délután, a jó motivációhoz vezet éjszaka. Azután, emlékezve az azon a napon történt dolgokra, gondolja, „Holnap emlékezem újra erre a motivációra". A tudat a királyhoz hasonló, aki a test és a beszéd cselekedeteit irányítja, mint a szolgáit.

A Természetes Tudat meditációja tárgytól mentes. Nem igyekszünk semmit sem vizualizálni, vagy egy választott tárgyra összpontosítani. Egyenes háttal leülünk, elnyugtatjuk a testünket és tudatunkat, és nem aggódunk a feljövő gondolatok miatt. Csak hagyjuk őket lenni. A gondolatok a tudat, és annyi tudatunk van, ahány gondolat. Nem teszünk semmi erőfeszítést, nem igyekszünk megállítani a gondolatokat. A Természetes Tudatot felismerjük, amikor elnyugszunk és nem teszünk semmit, hogy valami történjen. Csak természetesek maradunk. Jó, ha ezt tesszük öt percig, vagy akár egy percig is. Csak térjünk vissza a meditációhoz, amikor a tudatunk elkóborol. Legjobb akkor megállni a meditációval, amikor jó tapasztalásunk van, és majd később visszatérünk.

3.

A Természetes Tudat
pozitív minőségei
felfoghatatlanok,
mint a királyi kincs
feltárása.
Az igaz jelentésben
tartózkodó,
élvezi a gyümölcse
kimeríthetetlen gazdagságát.

Két kezdeti folyamat

A nyugodt időzés azt jelenti, hogy képesek vagyunk a tudatunkban zavarodottságmentesen időzni, miközben a képzelt tárgyra összpontosítunk, míg világos, tündöklő, jól látható kép lesz a tudatunkban. A tárgyat képzeljük hüvelyk magasnak, magunk előtt karnyújtásnyira. Ezt gyakorolva, bizonyos tapasztalásunk lesz. Bizonyos hasznunk van a gyakorlás korai fázisa elérésével is. Végezzük ezt előkészítőként a fő meditációs gyakorlásunkhoz. Igyekezzünk az unalmas álmosság és az elfoglalt izgatottság akadályait csökkenteni.

A Természetes Tudat meditációja a fő meditációs gyakorlatunk. Kezdjük az elemzéssel: „Hol van a tudatom?" A testünkben megtalálhatjuk valahol? Vegyük észre a feljövő gondolatokat. Honnan jönnek? Hova mennek? Fogalmaink, téveszméink vannak, és a gondolatok jönnek-mennek a tudatunkban. Figyeld meg, milyen gondolatok jönnek, nézz rájuk ítélkezés nélkül, és aztán nézd, ahogy eltűnnek.

A Természetes Tudat meditációja megoldja az unalmas álmosság és az elfoglalt izgatottság problémáit a tudatban, amikor egyszerűen felismerjük, hogy ezek az akadályok hogyan jönnek-mennek.

4.

A tudat
és az összes mentális állapot
felolvad
a tudat természetének terében.
Az összes tevékenység felolvad
a nyugalom terében.
Minden beszédforma felolvad
a csend terében.
Minden gondolati
és emlékezet felhő
felolvad
a gondolatmentes térben.

A Természetes Tudat felismerése

Általános, hogy egyáltalán semmilyen figyelmet nem szentelünk a tudatnak, és így nincs is semmi átlátásunk a történtekről. Most, ahogy elkezdjük észre venni, ahogy a gondolatok jönnek-mennek, látjuk, hogy a tudat folyamatosan elfoglalt. A meditáció fokozatosan csökkenti ezt az elfoglaltságot. De hogyan tudjuk, hogy felismertük a Természetes Tudatot? Vannak hasonlatok a jelekről, melyeket észreveszünk a meditációnk javulásával, és ahogy ellenőrzésünk alatt tartjuk a tudatunkat:

- olyan vagy, mint a méhecske, mely sosem száll távol a virágtól,
- maradsz a halhoz hasonlón, aki a vízben marad,
- mint az óceán, amikor nincs szél, a tudat nyugodt,
- a hegyhez hasonlóan, a tudat stabil.

Ezek a példák mutatják, hogy a boldog, meditáló tudat nyugodt, és nem szükséges a sok gondolat űzése. A meditáló rátalál arra, hogy pusztán a Természetes Tudat tapasztalásának élvezete elégséges, nem kell foglalkozni a sok jövő-menő gondolattal.

5.

Az Ősbuddha
az önmagától keletkező
eredendő tisztaság...
lényegében a Természetes Tudat.
A Természetes Tudat
mindent tartalmaz,
kivétel nélkül.

Eredendő Tisztaság

Úgy mondják, hogy a létforgatag és a nirvána a Természetes Tudat eredendő tisztaságából jelenik meg. Mit érthetünk ez alatt? Fontolgathatjuk, hogy a „létforgatag" az élet, amely van, ahol folyamatosan tapasztaljuk a fent és lent helyzetet, és aztán ellentétben ott van a tartós béke és boldogság, ami a „nirvána", és aztán kérdezhetjük magunktól, hogyan is jönnek azonos forrásból. Mindannyian rendelkezünk jó és rossz karmával. A dolgok jól mennek számunkra, és aztán valami történik és boldogtalanok leszünk. A szakadatlan béke a nirvána, az ellenőrizetlen karmától szabadon, tehát az ellenkezője, miért mondhatjuk azonosnak?

Láthatjuk, hogy a létforgatag és a nirvána is, tudatállapotok. A boldogság, a szenvedés és a béke mind tudati alapú. Minden benne van a Természetes Tudatban. Mindig itt van a Természetes Tudat eredendő tisztasága. A tapasztalásunkban minden ennek a kifejeződése. Ezt tudva, ellenőrizhetjük tudatunkat.

6.

A Természetes Tudat önmagából eredő
és három Buddhateste van.
Az egyedüli szféra a spontaneitás,
mely csodálatos dolog.

A Természetes Tudat Spontán Minősége

A Természetes Tudatnak spontán minősége van. A „spontán" a dzogcsenben az akadálytalan lehetőséget jelenti.

A Természetes Tudat rendelkezik a spontán megvilágosodott testtel, bölcsességgel, úttal és eredménnyel. Aki eléri a jó megvalósítást, annak az öt téveszméje felszabadul. Az öt téveszme az idegenkedés, ragaszkodás, tudatlanság, gőg és irigység alakjában jelenik meg.

A nagylelkűség, türelem, erkölcs, erőfeszítés, koncentráció és a megkülönböztetés bölcsessége hat tökéletesség akadálymentesen megjelenik. A Természetes Tudat például, mentes a fösvénységtől. A nagylelkűség akadálytalan lehetőségével rendelkezik. A Természetes Tudat meghaladja a fogadalmakat és a szamaja ígéreteket is, és az erkölcs akadálytalan lehetősége.

Az öt téveszme felszabadul, mert a Természetes Tudat az öt bölcsesség akadálytalan lehetőségével rendelkezik.

A buddhizmus alsóbb iskolái szerint a szemléletnek, viselkedésnek, eredménynek és a jó tulajdonságnak nyolc különböző szintje van, ezek mind spontán megjelennek a Természetes Tudatban.

7.

Minden megjelenő és létező,
a létforgatag és a nirvána,
mind benne van
a végső bodhicsittában -
ezért a nagy tökéletesség.

Miért Nagy Tökéletesség (Dzog csen)?

A három dolog, az alap, az út és az eredmény egyszerre benne van a tudatosság természetében tökéletesen beteljesedettként. A Dzogcsen, vagyis a Nagy Tökéletesség szerint, a gyakorló gyakorol, akár tud a Dzogcsenről, akár nem.

Négy lehetséges konfiguráció van:

1. aki megvalósítást ér el a tanítás értése nélkül, ez nagy, de nem a tökéletes;

2. aki megérti a tanítást a megvalósítás megjelenése nélkül, ez tökéletes, de nem nagy;

3. akinek megjelenik a megvalósítás a megértéssel együtt, ez az abszolút nagy tökéletesség;

4. akinek nincs megvalósítása és nincs dzogcsen megértése, ez nem nagy és nem is tökéletes.

Minden érző lény önmagából eredő bölcsességgel rendelkezik. Ezért valakinek lehetséges a megvalósítás megjelenése Dzogcsen tanítás nélkül is. E megvalósítás nagy, de nem tökéletes. Valaki kaphat tanítást, de nem jelenik meg a megvalósítás, mert nem gyakorolt eleget.

Mit jelent a tökéletes? Az összes fogalmi terminológia egybe van hozva egy lényegi jelentésben. Az összes jármű jellegzetessége benne van a természetes állapot jellegzetességeiben. Az összes mentális építmény lenyugszik az egyetemes alapban. Az összes szóbeli kifejezés lenyugszik a szavakat meghaladó egyetemes alapban. Miért lesz ez nagy? Mert minden korláttól szabad, minden behatároltságtól mentes. Nem egyenlő semmi más minőséggel. Túlszárnyalhatatlan, ezért a tanítás nagynak mondja.

8.

Keresd a
nagyon finom
jelentést.
Keresve
sem találod.
Nem látása
a legjobb látás.

A Természetes Tudat Jellegzetességei

A négy felfoghatatlan tulajdonság:

- A szemlélet meghaladása
- A meditáció meghaladása
- A cselekvés meghaladása
- Az eredmény meghaladása.

A Természetes Tudat meghaladja a tudatot, mint a tér a holdtalan, felhőtlen éjszakán. Csak azt fogjuk fel, hogy milyen mérhetetlen. Végtelen, mérhetetlen. Alig tudjuk elképzelni is a mélységét. Van olyan személy, akiben még sosem ébresztett tiszteletet a tér felfoghatatlan mindent betöltése?

A legjobb gyakorlók tapasztalata ilyen. A meditáló meghaladja a gondolatokat és a tapasztalásokat a Természetes Tudat felfoghatatlan teresésgében.

Végül eldöntik, „Ilyen". Ez az utolsó, végső igazság. Ez a végső, meghaladva a tudatot, a beszédet, és felfoghatatlan.

9.

A tudat kincstárának
ajtaja nyitva van,
Így minden szükséges benned van.

A Jó Tulajdonságaink Megvalósítása

Most gondolhatjuk, „min meditáljak". Mi a törekvésünk? Mindenkinek jó, fontos tulajdonságai vannak, a Természetes Tudat, de nem ismerjük fel. Ha nem ismerjük fel, nem segít. Jelenleg mindig a tudatunkban megjelenő gondolatokat követjük. Ez vezet a tapasztalt elégedetlenségekhez és negativititásokhoz. Valami jobbat szeretnénk. Általában nem hisszük el, hogy olyan tulajdonságaink vannak, mint a szent embereknek. Könnyen elcsüggedünk, és nem teszünk erőfeszítést a meditáció magasabb szintjéhez. Miért bátortalanodunk el? Ez azért van, mert nem tudjuk, hogy ezekkel a jó tulajdonságokkal már rendelkezünk. Úgy tűnik, hogy a buddhatermészet vagy az Istenség nagyon távoli. Ez azért van, mert nem tudjuk, hogy már rendelkezünk ezekkel a jó tulajdonságokkal. A jó tulajdonságok megvalósítását el szeretnénk érni. Már megvan a Természetes Tudatunk. Benne kell hinnünk, megvalósítanunk, és mindig rá emlékeznünk.

Bizonyos tapasztalásokat szerzünk a meditációnk által. Felismerve Természetes Tudatunkat, megértjük a tulajdonságot, mellyel mindig rendelkeztünk, és soha nem is szeretnénk elválni tőle. Tudatunk nagyon gazdag lesz. Felbátorodunk, energiát, erőt és erőteljes tudatot nyerünk.

10.

A gyakorlók megvilágosodnak
és akkor már a szennyező halmazok
sosem jelennek meg újra.
Elérték a nagy átalakulás
Szivárványtestét.
Az érző lények javára dolgoznak,
mint a hold tükröződése a vízben.

Mi a Szivárványtest?

Sok Dzogcsen gyakorló elérte a Szivárványtestet. Néhányuk testük felolvadt a térben, mint szivárvány és fény. Néhányuk teste néhány nap alatt kicsi lett, és fények vették körül. Végül csak a haj és köröm maradt utánuk. A testük eltűnt, mint ahogy a só feloldódik a vízben. Mások halála után szivárvány jelent meg az égbolton, vagy fények, vagy sajátos felhők. De a testük itt maradt, sokkal kisebben.

Miért érik el bizonyos Dzogcsen gyakorlók a Szivárványtestet? A veleszületett tudatban három belső jelenség van: Külső, Belső és Titkos.

A Külső jelenség a durva tudatossággal kapcsolatos, mely a mentális tudat káprázataihoz kötődik az érzékek által. A Belső jelenségek a sokkal finomabb gondolatok és koncepciók. A Titkos jelenség a fény megnyilvánulása. E három eltűnik a velünk-született tudatosságban. Abban az időben a test, formák, fények és mandalák fénye felolvad a tudatosságban, ahogy a felhő eltűnik az égboltban.

A Szivárványtest a személy gyakorlásának és tapasztalásának jele. Elérik a teljes eredendő tudatosságot. Mindig ebben a tudatosságban tartózkodnak. Ezt a szintet nevezik „megvilágosodásnak".

11.

A káprázatokat
hibának látni ragaszkodás.
Hagyni őket
a módszer.
Felszabadulnak a térben.

„Reménytől és Félelemtől Mentesség" a Gyümölcs

Elképzelheted, hogy egy aranyszigetre jutsz, ahol minden arany. Ehhez hasonlóan képzeld el, hogy a Természetes Tudat meditációjának legmagasabb tapasztalását elérted. Minden megnyilvánulás és jelenség benne van a Természetes Tudatban, sosem válhat el tőle. A legmagasabb meditációs állapot elérésével nincs szükség semmilyen reményre a további tulajdonságok eléréséhez. Nincs semmi többre szükséged. Itt nincs létforgatag, nincs szenvedés, és nem kell félned. A félelemnek már nincs semmi tárgya.

A gyümölcs a Buddha megvilágosodása, és aztán ebben az időben használod a három testet. Az ön-felismerésed a Dharmakája, a test-tudat kapcsolatod a Szambhogakája, a tevékenységed a Nirmánakája. Ezek az összes érző lény jóllétének megnyilvánulásai. Ebben a magas állapotban nincs remény és félelem..

12.

A fény az ég
világosságaként megjelenik.
Az önmagából megjelenő hang
az ürességből keletkezik.
A forma az elválaszthatatlan
üresség és tiszta fény.
A megnyilvánulás tárgyainak mondják.

A Három Megnyilvánulás

A három megnyilvánulás – a fénylő szín, a hang és a forma – a tudatosság bölcsességének megnyilvánulása. A szín a tudatosság világosság minőségéből ered. A szivárványhoz hasonló. A hang a tudatosság ürességéből ered, és a visszhanghoz hasonló. A forma a tudatosság ürességének és világosságának elválaszthatatlansága, és olyan, mint a visszatükröződés.

A tudatosság az öt szín forrása, melyek a vörös, sárga, fehér, zöld és kék. Az öt nagy bölcsesség a színekből keletkezik, és valójában nem is válik el tőlük. Az érző lények öt téveszméje is az öt színből jelenik meg. A tükörhöz hasonló, melyben minden megjelenhet. A jó dolgok és a rossz dolgok megjelennek a tükörben, de maga a tükör zavartalan. A pozitív és negatív akadálytalan.

A legmagasabb gyakorló elemzése az Anya, a Fia és a Megnyilvánulások, az Öt Nagy Bölcsesség megjelenése. Minden pozitívvá válik. Minden megnyilvánulás a Természetes Tudat, a Természetes Tudatból a pozitív minőségeiként, tiszta földként, vagy mandalaként nyilvánulva meg, mivel az Anya, a Fiú és a Megnyilvánulások elválaszthatatlanok.

13.

Az együtt-felmerülő tudatlanság
a fő forrás.
A fogalmi tudatlanság
a feltételes forrás.
A gyümölcs az öt téveszme.
Ezek a létforgatag pörgésének
okai

A Tudatlanság és a Létforgatag Megjelenési Módja

Az oroszlán látja az alakja tükröződését a vízben. Azt gondolja, hogy ott van egy másik oroszlán, de nincs. Ehhez hasonlóan van a három finom megnyilvánulás – szín, forma és hang – melyek a Természetes Tudat megjelenései.

Kezdetben csak az Eredendő Tisztaságunk van. Aztán megjelenik az együtt-felmerülő tudatlanság. Ahogyan az oroszlán azt gondolja, hogy másik oroszlán van a vízben, látjuk a három megnyilvánulást. De aztán ragaszkodunk hozzájuk, mintha valahonnan máshonnan jelennének meg, mint a Természetes Tudatunk. Az együtt-felmerülő tudatlanság fogalmakat hoz létre, melyekhez formaként, ízként, illatként, hangként és tapintás tárgyaként ragaszkodik az érzékek öt tárgyaként. Ugyanakkor, megjelenik a fogalmi tudatlanság is, mely ragaszkodik az „énhez" és „enyémhez". Aztán az öt téveszme megjelenik a tudatlanságból, és Karmát hoznak létre. A karmikus eredmények a három birodalom és a lények hat osztálya.

A haragból keletkezik a forma-világ.

A ragaszkodásból keletkezik a vágy-világ.

A hat szokásos téveszméből megjelenik a lények hat osztálya és a Tizenkét Láncszem. Ezt az állapotot nevezik Létforgatagnak.

14.

Az üresség minőség
a Dharmakája.
A világosság minőség
a Szambhogakája.
A csodálatos képességek
változatossága a Nirmánakája

A Három Megvilágosodott Test a Dzogcsen Szerint

A három megvilágosodott test a Dharmakája, Szambhogakája és Nirmánakája. Ezek a Természetes Tudat három minőségei. A Dzogcsen-tanításokban egyik módszer ezek bevezetésére, az arról való beszéd, hogy hol is van a helyük, és aztán mindegyik leírása.

Mivel nem tudsz egy sajátos dolgot Dharmakájaként beazonosítani, úgy írják le, hogy az ön-tudatosság eredendő tisztaságának minőségében „tartózkodik", alanytól és tárgytól mentesen. Részlegességtől mentes és eredendő tisztaság.

A Szambhogakája a szívünkben tartózkodik. A tibeti hagyományban a tudat a szívben tartózkodik. A tárgy a tudatosság a három megnyilvánulásként: forma, szín és hang. Minden jelenség spontán itt van.

A Nirmánakája a három csatorna útján tartózkodik. A megnyilvánuló tudatosság a hat jelenség és a hat tárgy a hat tudat által megjelenítve. Valójában ezek a megvilágosult testek és a Buddhamezők. Mivel téveszméink vannak, nem ismerjük fel, hogy ezekkel már rendelkezünk, és itt is a létforgatag.

Ezek a testek spontán benne vannak a Természetes Tudatban.

15.

A tudatosság fenntartása
természetes állapot.
Bármi is jön,
a tudat nem követi
azt a tárgyat.
Akkor a gyakorló
eléri a függetlenséget

Egyidejű Megjelenés és Felszabadulás

A gyermek elvesztésekor az anya addig keresi őt, amíg megtalálja, még akkor is, ha keresése sok időbe telik. Ugyanígy a jelenségek a Természetes Tudatból megnyilvánulnak, és ugyanoda vissza is olvadnak. Jó megvalósítással rendelkezőknek az összes jelenség pusztán felolvad a Természetes Tudat alap térszerűségében. Ezt a megvalósítást nevezik megszabadulásnak. A megvalósított jó gyakorlók számára, bármit is látnak, az a megvilágosodott test, beszéd és tudat, valamint minden Buddhacselekedet a mandala és a tiszta föld megnyilvánulása. Ez a megszabadulás. Például, amikor kezdetben a gyakorlónak negatív gondolatai vannak, megfigyelik őket, ahogy felolvadnak a Természetes Tudatban. Ez is a megszabadulás. A gyakorlatot aztán az „Egyidejű Megjelenés és Felszabadulás" névvel illették. Igyekszünk ezt gyakorolni a meditációnkban és a mindennapi életünkben.

A kezdő gyakorlóknak az eredmény és a forrás különböző dolgoknak tűnhet, de valójában az eredmény a forrás része. Megvalósításunkkal ezek azonosak, egyidőben megjelennek és felszabadulnak.

16.

A példa a tér.
A jel a nagy üresség.
A jelentés a végső igazság.

A Természetes Tudat Megértésének Három Módja

A Természetes Tudat megértésének három módja a következő:

> Példa: Az ábrával könnyű megérteni, mindenki ismeri és látja – metafora.
>
> Jel: A mélyebb jelentés, melyre a metafora rámutat.
>
> Jelentés: Amit lényeges megérteni.

A Természetes Tudatra vonatkozóan:

A példa a tér. A térben vannak szivárványok, felhők, és sok más dolog. A térnek nincs vége, színe, vagy elfogultsága. A Természetes Tudat olyan, mint a tér, a gondolatok és téveszmék megjelennek, vannak és eltűnnek.

A jel a világosság minőség, az üresség minőség, és a nagy minőség, mely a világosság és üresség egysége. A tudat és a mentális tényezők jönnek-mennek megragadás nélkül, mert a Természetes Tudat nem ragad meg semmit.

A jelentés a végső igazság, mely nem jelenik meg. Itt vannak a jelenségek megnyilvánulásai és az entitások, de a megnyilvánulások a végső igazságban vannak és a végső igazságban is tűnnek el. Itt nincs elfogultság, meghaladja a beszédet, meghaladja a fogalmat.

A jelentés az egyhegyű végső igazság.

17.

Mi a
tudatosság bölcsessége?
Lényege
a tiszta fény.
Természete
a tudat és fogalmak
nélküli.

Az Anya, Gyermek és Megnyilvánulás Felismerése

A Dzogcsen meditátor számára fontos a megvalósítás aspektusai közötti kapcsolat felismerése, mint az Anya, Gyermek és a Megnyilvánulás.

Az Anya az eredendő tisztaság, mint az égbolt. A létforgatag, nirvána, Buddha és az érző lények alapja. A nagy forrás.

A Gyermek a tudatos bölcsesség, és olyan, mint a napfény az égbolton. Tartózkodj ebben a gátoltalan, meztelen tudatosságban, ragaszkodás és erőfeszítés nélkül.

A Megnyilvánulások a jelenségek, és ezek a tudatosság bölcsességéből jelennek meg. A forma, hang és szín a legfinomabb jelenségek.

Nagyon fontos felismerni az Anyát, Gyermeket és Megnyilvánulást a meditációban, és megvalósítást érni el bennük. Ezek a gyakorlatok nagyon fontosok a hétköznapi életben. Jó megvalósításoddal sok szenvedés és probléma megoldódik. Amikor problémád van, ezek nagyon segítők.

18.

Itt van a tárgy,
de ennek a tárgynak
nincs alapja.
A megnyilvánulás névleges.
A név ugyanolyan,
mint a megnyilvánulás.
A névnek sincs alapja.

A Karma és a Természetes Tudat

A negatív karma az érző lények szenvedésének fő forrása. Hogy jön létre a karma? A hat tudattal ragaszkodunk a hat tárgyhoz. Például, ha látsz egy virágot, a szemtudat következtében megjelenik a mentális tudat (vagy gondolat), mely aztán tárgyaként ragaszkodik hozzá. Ekkor e ragaszkodás ellenőrzése alá kerülünk, aminek eredményeként karmát hozunk létre. Ezért keringünk a létforgatagban.

Miért okozza ez, hogy a létforgatagban keringjünk? Azért van, mert nincs megvalósított Természetes Tudatunk. A megvalósítás jó szintjével rendelkezve, amikor a tudatunk megragadja a tárgyát, csak rá tekintünk. Láthatjuk, hogy az alaptudat olyan, mint az égbolt, és maga a tudat az itt megjelenő szivárvány. Az alap valójában a Természetes Tudat. A gyakorlók megnyilvánulásai és tudati cselekedetei a Nirmánakája mandala. A mandala a Buddha és a Buddhamező.

Ezért nincs negatív és rossz karma. Olyan, mint egy almafa falra festése. Látjuk ott az almát, de nem tudjuk megenni. Csak egy megnyilvánulás, de nincs valójában ott.

19.

A szennyeződések eltűnnek
a szennyeződésmentességbe,
ahogy a só felolvad
a vízben –
a rossz karma
és minden téveszme
felszabadul
a természetes állapotban.

Tisztítás a Dzogcsenben

A számtalan újraszületésünk folyamatában rossz karmákat gyűjtöttünk, a szokásos hajlamok „tárházát". Ezek a karmikus magok könnyen eredményeznek szenvedést és újraszületést a függő keletkezés „pörgésében". Azonban az összes karma megtisztítható a négy ellenerő módszerével. Ez a helyzet a szutrában, tantrában, és az összes buddhista hagyományban, beleértve a dzogcsent is.

A dzogcsen tisztítás a Természetes Tudat megvalósításától és ebben a meditációban történő jó tapasztalástól függ. E szemlélet szerint az összes rossz karma és erénytelenség alaptalanként értelmezett. Az összes karma-mag lepecsételt a Természetes Tudattal, az jelentve, hogy a Természetes Tudat megnyilvánulásai.

Ennek megvalósításával az összes karma „megtisztul" ebben, mintha kezdettől nem is lett volna létrehozva. Például, nem tudsz festeni a térre. Még ha a szín meg is jelenik, nincs vászon, melyre rögzíteni lehetne. A jelenség minden más alaptól mentes. Az egyetlen alap csak a Természetes Tudat. A tanítás és a meditáció szerint a tudat természete egy másodperc alatt megtisztítja a rossz karma világkorszakait. Ezért ez a tisztítás legjobb módszere.

20.

Az öt téveszme
teljesen megtisztul.
Az eredendő tudatosság
természetesen tartózkodik
az öt bölcsességben.

A Titkos Menedék Bevezetése

A dharmatanítás az mondja, hogy a menedék gyakorlása fontos. Miért szükséges a menedék gyakorlása. Miért van szükség a menedék gyakorlására? Tudjuk, hogy mi, és minden lény bajokkal és szenvedésekkel vannak tele, és keressük a segítséget. A létforgatagban vannak nagyobb és kisebb szenvedéseink.

A Természetes Tudat felismerése és tapasztalása, segít enyhíteni szenvedésünket – még a szenvedés gyökerét is. Az összes szenvedés az időszakos jelenségekből jelenik meg. Magas megvalósítással ellenőrzésünk lesz a rossz megnyilvánulások felett, és urai leszünk minden jelenségnek.

A Természetes Tudat felismerése és a benne való hit, a menedék gyakorlása. A magas tapasztalások által a nirvána és az összes buddhaminőség automatikusan el van érve. Akkor a sok megvilágosodott minőség megnyilvánul – mint az öt bölcsesség.

A belső tudatosság minden buddha belső tudata. A tanítás azt mondja, hogy amikor látjuk az önmagát ismerő bölcsességet, látjuk a buddhák ezreinek megnyilvánulását.

Gyakorlásunkkal a durva és finom szenvedések felszabadulnak a Természetes Tudatban. Védettek vagyunk a szenvedéstől. Ez a legjobb menedék gyakorlat.

21.

A bodhicsitta
az eredendő
erőfeszítés nélküli
kettősségmentesség.
A Bodhicsitta,
a Tudatosság Királya megértése,
olyan mint a hatalmas,
kiterjedt égbolt.
Mindent átható
világosság,
bármilyen korlátozás nélkül.
Bodhicsittának nevezett.

A Két Bodhicsitta a Dzogcsenben

A dzogcsen hagyomány mahajána hagyomány, mert nem csak magunkért gyakorlunk, hanem az érző lények megvilágosodásáért is. Az önzés lecsökkentése a gyakorlás alapja. Az összes szutrikus tanítás, mely a viszonylagos bodhicsittát és az együttérzést magyarázza, azonos a dzogcsennel.

A két bodhicsitta benne van a mahajána tudattréning hagyományban. Ezek a konvencionális, vagy viszonylagos bodhicsitta, és a végső, vagy önmagát ismerő bodhicsitta.

Tibeti nyelven a „dzsangcsub szem" a bodhicsitta. A dzsang jelentése, hogy az összes tudatlanság, tévképzet és hiba már megtisztított. A csub jelentése, hogy minden megvilágosodott minőség már benne van a legmagasabb megvalósítás önkéntelen elérésében. A szem a tudat természetes állapotát jelenti, ezért a dzogcsenben a végső bodhicsitta.

Gyakorlásunkkor az összes érző lény megjelenik, és le van pecsételve, vagyis benne van a Természetes Tudatban. A mahanája megközelítés következtében , ez a gyakorlat az összes érző lény megvilágosodást eredményezi.

Minden jelenség lepecsételt a Természetes Tudatban. Ez a legjobb jelentés az összes érző lény megvilágosodásba hozatalához. A legjobb bodhicsitta gyakorlat.

22.

Nézd, minden
önmagától keletkezik.
A tapasztalásunk összes
jelenségei
nem jönnek kívülről,
mind a Természetes Tudatból
származnak.

A Gondolatok Felhőkként Elhaladnak

Képzeld el a teres kiterjedést, mely végtelenül nyitott minden irányban. Az égszerű térhez hasonló, felhők jelennek meg rajta és maguktól eltűnnek. Semmilyen erőfeszítés nem szükséges. Repülőgépek jönnek-mennek, fekete felhők és a madarak jönnek-mennek, miközben a mély, változatlan tér szabad és tiszta marad. Ehhez hasonlóan a tudatunk is eredendően tiszta. Ehhez hasonlóan a gondolatok, félelmek, aggodalmak, boldogság, szenvedés és öröm, mind megjelenik a tudatunkban, és maguktól jönnek-mennek a Természetes Tudat kiterjedésében.

Mi olyan, mint amikor a gondolatokat felhőkként tapasztaljuk, melyek rajtunk áthaladnak, jóknak vagy rosszaknak tekintve őket, anélkül, hogy elvesznénk bennük, követnénk őket?

A természetes tudat meditációja ilyen. Ha igyekszünk megállítani a gondolatot, az nem a meditáció. Ha követjük a gondolatokat, vagy elveszünk bennük, az sem a meditáció. Pusztán a tudat természetesen hagyása, engedve a gondolatokat jönni-menni, na az a meditáció. Megvalósítást nyerve ebben, már nem vagyunk a gondolatok ellenőrzése alatt.

23.

A meditációs tapasztaláshoz
ragaszkodás,
hiba.
A meditátor
nyugodt állapota
a valódi jelenlét.
Olyan, mint amikor
az utazó elalszik
az úton.

Három Lépés: Pihenés, Rombolás, Maradás

Kezdetben a tárgyra – forma, szín, illat, vizualizáció és egyebek – való összpontosítás nélkül meditálunk. Három lépcsőt használunk ebben az időben: pihenés, rombolás, maradás.

Pihenés: A fogalmak követése nélkül kell meditálnunk. A felfogás lehetetlenségével pihenünk. Meditációnk elnyugodott, szabadon és könnyedén vagyunk. Hagyjuk, ahogy természetesen van.

Rombolás: Meditációnk alatt, amikor probléma jelenik meg, leromboljuk. Azt találjuk, hogy tudatunk a tárgyával kezdett foglalkozni, vagy kezdte elemezni a meditációt, gondolva, „Jól megy most, ez így rendben van." Ezeket a mentális mintákat le kell rombolnunk, mert ezek ellentétesek a meditációval. Ha nem romboljuk le őket, az olyan, mint amikor a személy a hosszú útja során, elalszik az úton. Nem találja meg az úticélja helyét.

Maradás: A probléma lerombolása után, meditálj újra a zavarodottságmentes meditációban. Folyamatosan maradj, erőfeszítés nélkül a Természetes Tudatban.

24.

Minden
alany és tárgy
a Természetes Tudatban
van,
elválasztottságtól mentesen.
Minden
önmagából keletkezik.

A Gondolatok Természete

Ki az, aki a strandra menve, ne csodálkozna az óriási viharos hullámtöréseken a parton? Félelmetes és gyönyörű. Ez ellentétben van a mindennapok nyugodt, álmosító hullámaival. Látjuk a sok hullámot, melyek megtörnek a parton, felemelkedve a mély óceánból, és visszaesve. Itt van a buddhista hasonlat a gondolatok természete jelenségének szemléltetésére. Az óceán hatalmas, kiterjedt és mélyvízű; a hullámok, különösen a nagyobb hullámok, felemelkednek, és másnak látszanak az óceán többi részéhez képest; azonban a hullámok, akár nagyok vagy kicsik, azonos vízből vannak, mint az óceán, és mondhatjuk, az óceán természetének kifejeződései.

A tudatunkban feljövő és elcsituló gondolatok a Természetes Tudattal azonos természetűek, és a kifejeződései. Nem különbözőek, vagy leválasztottak, ahogy a hullámok is pusztán a tenger kifejeződései.

25.

A dolgokhoz valóságosként ragaszkodás
a zavarodottságod módja.
Az öntermészetük hiánya
a megvalósítás.

Mi az Ego és az Ego-ragaszkodás?

A kisebb-nagyobb mértékű ego-ragaszkodás a létforgatag gyökere. Az összes szenvedés és negativítás forrása. Ennek oka az, hogy az összes szerencsétlenség és negativitás a téveszméből táplálkozik. Például a ragaszkodás és a harag az öndédelgetésből jelenik meg. Az öndédelgetés honnan jelenik meg? Az ego-ragaszkodásból jön.

Általánosan a hagyományunkban az egyik legfontosabb szemlélet, hogy az én nem létezik. Miért nem létezik? Semmi sem létezik a saját tárgyi oldala létrehozottságának szempontjából. Például, a templomba menve, látunk a falon valamilyen festményt, vagy szobrok lehetnek. Az idegenvezető rámutat a falra és mondja, „ez Jézus", vagy „ez Mária". Ez az általános véleménynek megfelelő szemlélet. Valójában csak művészet. Egyáltalán nem valóság. Nem Jézus, nem Mária. Nem találjuk Jézust vagy Máriát a saját művészeti oldalában. Hasonlóan, nekünk, emberi lényeknek, van öt halmazunk – fizikai forma, érzés, eszme, képződés és tudat. Ezek a konvencionális ego kijelölésének alapjai. De az öt halmaz egyikét sem találjuk önmagától létezőnek. Ezért nevezzük nemlétező énnek.

Különben konvencionális szemléletünk, vagyis névleges egonk van. Például, a reinkarnáció során követhetjük azt, aki előző életből jött, jelen van ebben az életében, és távozik a következő életébe. A másik példa, hogy valaki olyat figyelünk, aki még nem érte el a teljes megvilágosodást, vagy aki el fogja érni a teljes megvilágosodást. E példák egyike sem más, mint névleges ego.

Az ego-ragaszkodás az önmagát ismerő bölcsesség ellentéte. Olyan, mint vaknak lenni. A vak ember szeretné látni a szép helyet, és szeretne teljesebb életet élvezni, de sosem jön össze. A vak emberhez hasonlóan, mindent világosan meg szeretnénk valósítani, de sok akadállyal találkozunk az ön-dédelgetés és ego-ragaszkodás következtében.

Meditációnk működik a legjobban az ego, vagy „én" felismerésére. Néha azonban látnunk kell, ahogy a dolgok megnyilvánulnak. Például, amikor arra gondolsz, „megjelentem", a gondolat nagyon közeli és kapcsolatban áll az egoddal. Arra kell gondolj, hogy honnan jött ez az „én"? Mit tesz az „én"? Melyek az „én" tulajdonságai? Az ego és a természetes tudat miért ellentétes állapot? Ez segíteni fog a meditációs tapasztalásod haladásában.

26.

A Természetes Tudat
önkéntelen.
Nem létrehozott.
Mivel
nem létrehozott,
úgy mondják,
nincs oka.

Kezdeti Tapasztalások

Sokat beszéltünk a tudatról a meditációban, és most jön annak megértése, hogy a meditáció mindössze tapasztalásgyűjtés a Természetes Tudatról.

Tudatosok vagyunk az összes gondolatról, melyek elvonják figyelmünket, amikor meditálni szeretnénk. Ez valójában a megszokott körülményünk. Mind a gondolatok mélyén találjuk magunkat, csak „hagyjuk abba" és észrevesszük, hogy elkapott az eszme, az érzés, ragaszkodás az érzékeink tárgyai által.

Az egyik gondolatunkkal a másik után foglalkozunk egész nap. A gondolataink a fűszálakhoz hasonlók, melyek hajlanak a szélfúvás után, a következő feljövő gondolattól függően. Ez azért van, mert valójában nem figyelünk.

Meditációnkat elkezdve, figyelünk a jövő-menő gondolatokra. A tanács az, hogy engedjük őket feljönni és aztán elhalványulni, eltűnni, a követésük nélkül, a megállításuk igyekezete nélkül. Ez a dzogcsen meditáció megvalósításának legjobb módszere. Láthatjuk Természetes Tudatunkat. Ne kövessünk semmilyen gondolatot, mint a fűszálak a szelet.

No. 27

A Természetes Tudat
az ok nélküli eredmény.
A tökéletes természet
erőfeszítésmentes,
mint az égbolt.
Ez a legfőbb természet,
minden eredményt meghaladva. .

A Siker Jelei

Megtanultunk ránézni a tudatra, és elemezni, hogy „mi a tudat". Ennek haszna, hogy tapasztalást nyertünk tudatunk valódi állapotáról. Hogyan segít ez minket?

Észrevéve, ahogy a gondolataink jönnek-mennek, bizonyos ellenőrzésünk lesz a tudatunk felett. Megismerjük, hogy a cselekedeteink, beszédünk, a mindennapi tapasztalásaink a tudat ellenőrzése alatt vannak, és így milyen hasznos, ha ellenőrzésünk alatt tudjuk tartani tudatunkat.

Aztán haladva, milyen jelek jelennek meg, melyek rámutatnak, hogy ellenőrzést nyertünk a tudatunk felett? Van néhány hasonlat a meditátor szilárd, ellenőrzött tudatára:

- olyan, mint a csövön állandóan, folyamatosan átfolyó víz a stabil áramlásában,
- mint a teknősbéka a serpenyőben, sosem távozik helyéről,
- mint a köröm, melyre erősen rácsaptál a kalapáccsal.

28.

A tisztátalanságok felolvadnak
a Természetes Tudatban.
A tisztaság tündökölőn ragyog.
A fogalmak eltűnnek,
mintha levetkőznél.

A Természetes Tudatban Tartózkodás

A tantra szerint testünk csatornáiban szélenergia található, mely támogatja tudatműködésünket. Ahogy a lovasnak tudnia kell a lovát ellenőrizni, a légzésgyakorlatok, mint a lassú belégzés és lassú kilégzés orron keresztül huszonegyszer, segítheti a lenyugvást és a tudatunk előkészítését a meditációra. A szélenergia lenyugszik, és aztán a tudatunk, testünk és beszédünk is automatikusan lenyugszik. Minden spontán lenyugszik. Teljes nyugalom a Megvilágosodás.

Néha úgy érezzük, hogy fáradtak vagyunk mentálisan és fizikálisan a nap végére, a hét végére. Mély nyugalmat érhetünk el, ha képesek vagyunk a Természetes Tudat meditációjában nyugodni. Így mondják, az „elsődleges panoráma tudatosságban tartózkodás". A Természetes Tudat felfoghatatlanul hatalmas, kezdettelen és tiszta tudatosság, a múlt és jövő állapotainak gondolatai nélkül. Pihenünk a tudat e tiszta kiterjedésében.

29.

A korlátoktól mentes
nagy szabadság
a legjobb szemlélet.
Ez a szemléletek
királya is.
Nagyos sajátos
a többihez képest.
Csodálatos,
korlátlan,
egyedi.

Kontempláció

Kontemplálunk a velünk született természetes állapotunkon. Ahogy már tudjuk, állandóan a fogalmakat és gondolatokat követjük. Ez megy sok élet óta.

Ennek következtében mindig szenvedünk és negativítások jelennek meg. Aztán szomorúak vagyunk emiatt. Szomorúak vagyunk és félelmekkel teltek, hogy így folytatódik a jövőben is.

Hogyan kontempláljunk a Természetes Tudaton? A tanítás szerint a kontemplációnak két kapcsolódó aspektusa van: frissesség és erőfeszítés-mentesség.

Ne kételkedj, légy határozott ebben. Nem szükség más dolgokra gondolnod, vagy valamilyen más jelentést keresned.

A frissesség azt jelenti, hogy a jelenben vagy, a jelent sem ragadva meg. A frissességben tartózkodva, ne tégy semmi erőfeszítést. Természetes vagy, erőfeszítés nélkül. Ez a Természetes Tudat kontemplációja.

30.

Meditációd
egy tárgyon tartózkodva,
olyan, mint a lebegés,
és elveszett.
Az utazó folytatná,
messzire eljutott,
de elalszik
az úton.

A Kontempláció Módja

Képzeljük, hogy az összes jelenség a térrel össze van fonódva, mint a Természetes Tudattal. Sok gondolat megjelenését tapasztaljuk a meditációnk alatt. Mindegyiket ugyanaz a tér tartalmazza. A gondolat jövetelekor megértjük, hogy megjelent, van, és felolvad a térszerű Természetes Tudatban. Eszme, mely nem különbözik a Természetes Tudattól. Olyan, mint a cukor feloldódása a vízben; már nem tudod megkülönböztetni a víztől. Hasonlóan, minden egyben van a Természetes Tudatban.

A sok jelenség – az összes megnyilvánulásunk, jó és rossz érzésünk, gondolatok és eszmék – mind a Természetes Tudatban vannak. Nem különböznek, nem válnak el tőle.

Maradjunk az állapotban – most a Természetes Tudat állapotában tartózkodunk. Felolvadtak eszméink a Természetes Tudatban, és csak maradunk, bármi egyéb tétele nélkül, vagy bármi változtatása nélkül. Maradunk e térszerű minőségben.

31.

Ha gyakorlásod
megfelelő módon működik,
és erőteljes,
három lépcső
fokozatosan megjelenik,
a különböző képességű
szinteknek megfelelően.

A Megvalósítás Három Szintje a Dzogcsen Gyakorlásban

A dzogcsen szerint a legfontosabb a szemlélet megvalósítása a gyakorlásban. A megvalósítás azt jelenti, mennyire szemléled a megnyilvánulásokat önmaguktól eredő bölcsességekként, jelentve, hogy itt nincs más forrás az énen kívül a megnyilvánulások számára. Lépésről-lépésre haladva a meditációddal, egyre kevésbé leszel zavarodott. A három nagy szint, további hármas alkategóriákkal magyarázott a dzogcsen-tanításokban: ülőmeditáció (thun gom), szokásos meditáció (ngang gom) és legfőbb meditáció (long gom).

A kezdők számára zavarodottságok, izgatottságok, és sok más akadály gyakran megjelenik, melyek megnyilvánulhatnak a kétség, szomorúság, vagy félelem érzéseként. Aztán idővel az önmagától eredő bölcsesség megjelenhet napfényként a felhőkkel teli égbolton. Fontos dolog, amit tenned kell amikor problémád van, próbáld újra és újra, erőfeszítést téve a folyamatos meditációért. Így haladva, egy napon az eredendő bölcsesség megjelenhet, és a meditációd sokkal kellemesebb lesz.

A második lépcsőfok, hogy figyelj fel, a megnyilvánulások szemlélete az első lépcsőfokon tudat-alkotta mesterkéltségek. Itt fontos dolog a meditáció folytatása – erőfeszítésmentesen. Amikor a haladásoddal és az összes fogalmaddal megbarátkozol, a sokság egyízként jelenik meg. Fontos úgy tréningezned, hogy a pozitív és negatív tárgyakat változatosan használod a gyakorlásodban. Figyelmes kell légy, hogy a tudatod a természetes állapotban tartsad, lepecsételve minden jelenséget az eredendő bölcsességgel a megvalósításodban.

A harmadik lépcsőfokhoz, a legfőbb meditációhoz érve, a gyakorlás során minden erőfeszítés teljesen kiürül az alany-tárgy fenntartása irányában. Meditációd stabil, és éjjel-nappal, zavarodottságtól mentesen a nem-meditációban tartózkodsz. Ezen a szinten automatikusan átvágod a közönséges tudatot, mert nem szükségesek a gyakorlatodhoz. Végül eléred a nagy nem-meditáció szintjét; ekkor már csak nevek és címkék maradnak az összes megnyilvánuló jelenségből. Az összes jelenség kiüresedik, és változatlan a természetes állapotban. Elérve a gyakorlás e szintjét, teljesen elérted a legfőbb megvalósítást. Ezt nevezzük a Buddhaság állapota elérésének.

32.

Természet, körülmény és tévedés,
a lazaság három hibája.
A lazaság lerombolja
a meditáció tisztaságát.

A Lazaság Megoldása

Sok hiba előfordulhat a meditációnk alatt. A két legfontosabb a lazaság és az izgatottság, melyeknek van durvább és finomabb alakjuk.

Most a lazaságról beszélünk, vagyis az unalomról a meditációban. Itt a lazaságnak három fő oka van: természet, körülmény és tévedés.

Természet – Lazaságot tapasztalhatunk, ha a négy elemből valamelyik nincs egyensúlyban. A természet a meditátor intelligenciája alapszintjével is kapcsolatban áll.

Körülmény – Lazaság előfordulhat a nehéz fizikai munka után, a túl meleg öltözettől, meleg időtől, vagy túlzott étkezéstől.

Tévedés – A személy téved, de nem foglalkozik vele, például az ébren maradás igyekezetével. Nem gondolja ezt problémának.

Megoldások: Megfelelő meditációs helyzetet öltünk, tudatunkkal rágondolunk a meditáció hasznára és jó eredményére, rágondolunk a dharmakája minőségeire, tiszta környezetben vagyunk, szünetet tartunk, ülőhelyet cserélünk, magas helyre megyünk, kevesebbet eszünk, éneklünk és dalolunk, jobban kinyitjuk a szemünket vagy az eget nézzük.

33.

Izgatottság,
amikor a tudat
mindenfele kalandozik.
Mint a felhő,
mely megy,
amerre a szél fújja.

Az Izgatottság Megoldása

A meditációban a két nagy hiba a lazaság és az izgatottság. Ebben az esetben az izgatottsággal vagy túlzott gondolkodással foglalkozunk. Az izgatottság három fő oka: természet, körülmény és tévedés.

Természet - A négy elem egyensúlytalansága. Ha a tűz vagy a szél elem az uralkodó, könnyű izgatottságot tapasztalni. Az elemek egyensúlytalansága vezethet haraghoz vagy gőghöz is, melyek izgatottsághoz vezetnek.

Körülmények – Bizonyos embereknek hajlamuk van a közönséges érzékelések követéséhez, melyekről meditációkként következtetnek. Például, ha sok TV-t nézel, még ha a programnak nincs is jelentősége, vagy szeretsz beszélni az emberekkel, a tudat zavarodott.

Tévedés – Vannak, akik úgy gondolják, hogy nincs szükség meditációra. Mondják, hogy a meditáció haszontalan. Tudatuk össze-vissza barangol, és nincs az ellenőrzésük alatt.

Megoldások:

- A megfelelő testhelyzet felvétele.
- Ülj sima, kényelmes párnára.
- Végezz masszázst gyógynövényekkel és olajokkal.
- Nyugtasd el a tested és a tudatod.

Bármit is teszel, tedd lassan – mint a járás, beszéd és a napi dolgaid. Fogyassz nehezebb, tápláló ételeket. A meditáció gyakorlása feloldja izgatottságodat.

34.

Bármit látsz, ez van.
Nézd közvetlenül.
Ha nem nézed,
látod?
Lásd a
Természetes Tudatot.

Ön-felszabadulás a Természetes Tudat Szemléletében

„Az összetekeredett kígyó természetesen kiegyenesedik, amikor tovább akar siklani – pusztán önmagától." Ugyanígy, a Természetes Tudat felismerésével, a tudatlanság magától eltűnik. Ez az ön-felszabadulás.

Például, amikor dühösek vagyunk, meg kell értenünk, hogy a düh forrása a Természetes Tudat, és nem váltunk el tőle. Felismerve a Természetes Tudatot, a düh önmagától eltűnik. Ez az ön-felszabadulás.

Mindennek azonos állapota van. A nagy témák a szenvedést okozó tudatlanság, a nirvána és a létforgatag, és itt vannak a kisebb témák, mint a téveszme, fogalmak és harag – mind felolvad a Természetes Tudatban. Meg szeretnénk szabadulni a szenvedéstől; minden a Természetes Tudatból jelenik meg és oda tűnik vissza. Ezért a Természetes Tudat az ön-felszabaduló bölcsesség.

35.

Az önmagától-keletkező bölcsesség
az alap.
Az öt téveszme
a megnyilvánulás.

Az Ön-ismerő Bölcsesség

„A lámpa fénye önmagától világos." Azt mondjuk, hogy a fény „önmagától világos", mert nem homályosítja el önmagát. Más állapotok elhomályosíthatják, de önmaga mindig elhomályosításmentes marad. Miért mondjuk, hogy a Természetes Tudat önmagát ismerő. A Természetes Tudat sem rejti el önmagát. Hallottuk, hogy meghaladja a tudatot, és meghaladja a beszédet. Amikor felismerjük, akkor tisztán látjuk, de mindig önmagától megjelenő. Tehát, az mondjuk, önmagát ismerő, ön-ismerő.

Aztán meg miért is bölcsesség? Miközben itt van a sok fogalom és téveszme, mely elhomályosítja a Természetes Tudatot, a tudatlanságunk a fő elhomályosító, mely meggátolja, hogy láthassuk. E tudatlanság a szenvedés forrása, és a Természetes Tudat felismerése a tudatlanság ellenszere. Ez a végső igazság. Ez a legnagyobb bölcsesség.

36.

A végső igazság a térhez hasonló,
meghaladva a létrejövő és eltűnő
jelenséget.
Meghaladja a mondatokat,
kigondolhatatlan és
szavakkal kifejezhetetlen.

Hagyjuk El a Szavakat, Foglalkozzunk a Jelentéssel

Általában figyelünk a tanítás hallgatása közben, könyv olvasásakor, vagy tanuláskor. A szavakkal foglalkozunk, melyeket mondatokká csoportosítunk. Kezdetben ez nagyon fontos számunkra. Később elhagyjuk a szavakat és a jelentéssel foglalkozunk.

A végső igazság nem tapasztalható a tudattal, mert a tudat konvencionális. Tehát, minden szó, beszéd, ítélkezés a tudatot és az indítékát követi. A mondatok hallgatása az első lépés. A második lépésként itt van a konvenciókat meghaladó jelentés, semmilyen módon nem függve a szavaktól.

Buddha miért adott annyira sok tanítást? Mert az emberek nem értették a végső igazságot. Amikor megérted, a szó mit használ? Például, amikor átkeltél a folyón, elérve célodat, már nincs szükséged csónakra.

Buddha sok módszert tanított a végső igazság megértéséért, de az összes megmagyarázható egy pontban. Az összes tanítás jelentése a végső igazsághoz jutás. A szavak nem fontosak, a jelentés a fontos. A jelentés a Természetes Tudat.

37.

Ha az öt tudat
követi az öt tárgyát,
ne ragaszkodj az egohoz.
Ha az egohoz ragaszkodsz,
ne légy szokásos.

Úton Haladás

Közönséges gondolatok jönnek-mennek a Természetes Tudat meditációjának útján. A tanítások azt mondják, hogy naponta, nekünk embereknek 84000 gondolatunk jelenik meg, a téveszméket és a mentális gondokat is beleértve. A Természetes Tudat meditációja az úton haladás egyik módja. Miért van így? Bármilyen fogalom is jelenik meg, nem teszünk semmilyen erőfeszítést az elhagyására. Nem is foglalkozunk a feljövő gondolattal. Itt három szintje van az úton való haladásnak.

A legmagasabb és legjobb szint, hogy a fogalom megjelenésekor a gyakorló felismeri a Természetes Tudat határozott megnyilvánulásaként, és felolvad a Természetes Tudatban, mint amikor a hópehely az óceánba esik.

A második magas szint a gondolat megjelenésekor olyan, mint amikor a napsugarak felolvasztják a harmatot a levelekről az őszi reggelen. E gyakorló meditációt alkalmaz a fogalmak ellenszereként. Függ a meditációtól a probléma megoldásához.

A harmadik szintű gyakorló használja a tudatosságát. Például, a nagyon dühös személy elfogadja valaki tanácsát, és lenyugszik. Felismeri a düh nem kívánatos eredményét, hogy a vita rossz viszonyt hoz létre, és mindenkit kiborít. Türelmet gyakorol, a helyet, hogy dühös lenne, felismerve, hogy az hoz békességet és eljövendő jó viszonyt. Ez a tudatosság.

E három szint a személy Természetes Tudattal való viszonyától függ.

38.

Ha megértek mindent –
az összes viselkedés
a megvilágosodott lény viselkedése.
Határtalanság,
mérhetetlenség.

A Különböző Viselkedések Alkalmazása

A gyakorlók három szintjéről beszélve, vannak alacsony, közepes és magas megvalósítási szintűek. A személynek különböző tapasztalásai vannak, melyek a megvalósítási szintjétől függenek.

E három mindegyikén a viselkedéseknek három módja van:

Alacsony megvalósítás: Olyan, mint a gyertya lángja, könnyen megzavarja a szél. A gyakorlók kezdetben használják a test és beszéd magatartását, igyekeznek ellenőrzésük alatt tartani az akadályokat, igyekeznek a pozitív állapotok létrehozására a gyakorlásuk megkönnyítéséhez. Például gyakorolják a Hat Tökéletességet.

Közepes megvalósítás: A test, beszéd és az általános cselekedetek viselkedési módja a gyakorlás segítője lesz. Például, visszatartjuk magunkat attól, hogy valamit jónak vagy rossznak, tisztának vagy tisztátlannak, ellenségnek vagy barátnak lássunk; visszatartjuk magunkat attól, hogy a tárgynak értéket tulajdonítsunk. Ha itt van egy nagy tűz, a szél segít, hogy a tűz még nagyobb legyen. A bébihez hasonlóan, nem állítjuk meg vagy kritizáljuk a gondolatokat. Szabadok vagyunk a gondolatok elnyomásától vagy művelésétől.

Magas megvalósítás: A viselkedés itt az úgynevezett „a sokság egyízűsége" vagy „győzelem az ítélkezés felett". Például, amikor egy arany-szigetre megyünk, ott minden arany. A gyakorló megérti, hogy minden a Természetes Tudat megnyilvánulása, nem különbözve tőle.

Minden fajta viselkedés a megvalósítási szintünktől függ.

39.

Zavarodottságmentesség és
nem-meditáció
a meditáció.
A Természetes Tudat
a nem-meditáció.
A fába ütött
szöghöz hasonlóan,
A meditáció
zavarodottságmentes
kell, hogy legyen.

Zavarodottságmentes Nem-meditáció

A nem-kigondolt meditációnak két fontos tulajdonsága van: zavarodottság-mentes és nem-meditáció.

Nem-meditáció: A Természetes Tudat meditációja nemkigondolt. Erőfeszítésmentes kell, hogy legyen, mert az erőfeszítés azért van, hogy valamin változtassunk. Így ez a nem-meditáció. A tanítás azt mondja, hogy „nem-kigondolt egyhegyű kontempláció". Ez a nem-meditáció. Így mondják: „erőfeszítésmentesen a meditáció nem-meditáció".

Zavarodottságmentes: Mi a zavarodottság-mentesség? Például, a tükörben megjelenhet sok különböző forma és szín. Megjelennek, de nem zavarják a felületét. Ehhez hasonlóan, amikor a nem-kigondolt meditációban kontemplálunk, az olyan jelenségek, mit a gondolatok és fogalmak megjelennek, de nem háborgatják a meditációnkat.

A zavarodottság-mentes azt jelenti, hogy folyamatosan a Természetes Tudatban időzünk. Amikor meditálunk, a nem-kigondolt állapotban időzünk, és nem veszítjük el a meditációs egyensúlyt.

40.

Amikor a gyakorlónak
mély megértése van
az elfogultság meghaladásában,
magabiztossá válik
a dzogcsen szemléletben.

Elfogulatlanság: a Dzogcsennek Megfelelő Szemlélet

A Nagy Tökéletesség a korlátozásoktól mentes szemlélet. Korlátoktól, behatároltságoktól mentes elfogulatlanság.

A legmagasabb megvalósítás elérésével, a meditáció nem különbözik a tapasztalástól; az is a dzogcsen szemlélete. Megértjük, hogy a jelenség megjelenik, és ez nem tesz minket boldoggá vagy boldogtalanná. Általában, amikor valami jó történik, boldogok vagyunk, és amikor valami szomorú történik, boldogtalanok. Magas megvalósítással az ilyesmik nem érintenek meg.

Legmagasabb megvalósítással a test, beszéd és tudat a kitalálatlan állapotban van. A szemlélet, meditáció és cselekvés egyenértékű. Minden egyízű.

Sok dzogcsenmester tanult szutrát, tantrát és sokféle gyakorlatot. Ők az összes gyakorlatukat a dzogcsengyakorlásukba illesztik egyízűként. Magabiztosak a dzogcsen szemléletben, és így különböző vonalakat gyakorolhatnak, anélkül, hogy egyik a másik kárára volna. Csak haszna van.

A dzogcsen alapja mindent magában foglaló, nincs részlegesség. Sok rimemester nemszektás módon gyakorol, sok vonal és iskola gyakorlatait végezve. A risz tibetiül egyoldalút, részlegeset jelent, a med ennek tagadása. Együtt ez a rime.

41.

A három jelenség
kiüresedik
a belső tudatosságban.
A teljes létforgatag
és nirvána
kiüresedik az
eredendő állapotban.

Egyet Ismerve Minden Megszabadul

Hogyan jön létre e világos tévhit a dzogcsenhagyomány szerint? Kétféle jelenség van, finom és durva, mindkettő a Természetes Tudat alapjából jelenik meg. A legfinomabb szinten hangok, színek és fények jelennek meg. A legmagasabb gyakorló számára, ezek a legfinomabb megjelenések a Természetes Tudat megnyilvánulásaiként felismertek. Például, a gyakorló felismerheti a három jelenséget, ahogy megjelenik a bardoban, vagyis köztes létben az újraszületés idején. Nagyon finom szinten jelennek meg. A Természetes Tudat alapja és a megnyilvánulásai sajátos módon kapcsolódnak. A hangok, színek és fények három megjelenése a Természetes Tudat alapjának megnyilvánulásai. Aki ismeri ezt az állapotot, könnyen megszabadul.

A másik példa, hogy amikor a durva jelenség megjelenik, mint a tudatlanság, harag és az érzelmek feljönnek, fel kell ismernünk, hogy ezeknek hasonló kapcsolatuk van a Természetes Tudat alapjával.

Fel kell ismernünk a finom és a durva jelenségeket is a Természetes Tudat alapjának megnyilvánulásaiként. Ezt nevezik így, „egyet ismerve minden megszabadul".

42.

Itt nincs semmilyen tárgynak
alapja.
Bármit is gondolsz,
neked megfelelően
jelenik meg.
Olyan, mint a hat mód,
ahogy a víz megjelenik
a hat világ lényeinek.

Az Öt Egyhegyű Útmutatás

Itt az egyhegyű útmutatásoknak öt lépcsőfoka van, melyek a Természetes Tudat egyre nagyobb felismeréséhez vezetnek.

1. Nincs más forrás a tudatunknál a hat érzékjelenséghez. Fel kell ismerni, hogy a jelenség pusztán a tudat.

2. Bármi is jelenik meg, kapcsolatban van és éntelen. Ismerd fel a tudat ürességét.

3. A meditációs tapasztalások az ön-világos tudatunk terében jelennek meg. Ismerjük fel, hogy az üresség a világosság.

4. Bármilyen jelenség jelenik meg, mindig pozitív és segítő, mint egy barát. Ismerd fel a világosságot, hogy az ürességgel való egység.

5. Bármilyen jelenség tűnik fel, zavarodottság-mentes. Olyan, mind megsuhogtatni egy lándzsát a térben, és az összes zavarodottság eltűnik. Végül minden tiszta, mint a kristálygömb. Minden külső és belső megnyilvánulás világos. Ismerd fel az egységet a nagy gyönyörként.

43.

A Tudat Természete
eredendően tiszta
és születésmentes,
ezért itt nincs
megragadható alany
és megragadható tárgy.

Dzogcsen Fogadalom

Sok tanítás van a fogadalomról, vagy a szamajáról. Ezek a fogadalmak megtalálhatók a buddhizmus összes járművében (példákban, tisztelt dharmaszövegekben, szent tanításokban és vonalakban). Négy kizárólagosan dzogcsen fogadalom tanított: nemlétezés, mindent-áthatóság, egység és spontán jelenlét.

1. Nemlétezés: A Tudat Természete eredendően tiszta. A Természetes Állapotban tartózkodva, nincs a létezést megragadó, és nincs a megragadás tárgya. Itt nincs megállás és nincs létrehozás. Itt nincs „én" vagy „enyém" (alany vagy tárgy).

2. Mindent-áthatóság: A Természetes Állapot a fogadalmak betartásától mentes. Itt nincs kezdet, és nincs vég. Itt nincs rögzült időalap.

3. Egység: Az összes jelenség egyként egyesül. A Természetes Állapotban nincs „én" vagy „enyém", csak egység van. Az egységben a három idő nem magyarázható.

4. Spontán jelenlét: A Természetes Állapotot nem kell keresni; spontán jelenlévő az eredendő önkéntelen megvilágosodott minőséggel.

44.

A zavarodottság felolvad
a természetes állapotban,
mint a felhők az égen,
feltárva a tisztaságot
és világosságot.
Levetve a fogalmi gondolatok
ruháját,
a meztelen tudatosság
feltárul.

A Felismerő Tudat és Tudatosság

Az összes tudat és mentális tényező konvencionális igazság. Ez magában foglalja a tudatban megjelenőket, a sajátos tapasztalási részletekkel. A buddhista iskolákban utalások vannak a tudatra. A tibeti pszichológia szerint sok mentális tényező van. Mindegyikhez tudat tartozik, beleértve a gondolatokat, nézeteket, káprázatokat és téveszméket, valamint a pozitív tárgyakat, mint szeretet és együttérzés. A szutrában és a tantrában az alap és az út a konvencionális tudat része, ahogy a mantra, a jóga és az istenségek vizualizációja.

A dzogcsen szerint ezek mind a pozitív és negatív tárgyak és gondolatok tudati megragadásai. Ezért nem tökéletesek, mert tudatként a konvencionális gondolatok szennyezettek a tudatlanság és tévképzetek által.

A tudatosság tárgytalan és a belső természet megragadásától mentes, és meghaladja a fogalmi tudatot - a felébredett tudat önmagát ismerő állapota. Különbséget teszünk a tudatosság és a fogalmi tudat között a meditáció által. Amikor meditálunk, a tudatunk nyugodt és a természetes állapotban van. A szennyezett víz, amikor csak hagyjuk, leülepszik és kitisztul. Hasonlóan, amikor meditálunk, a gondolatok szétoszlanak. Nem az a fontos, hogy a meditáció jó vagy rossz, hanem, hogy mi a konvencionális tudat és mi a tudatosság.

45.

Az önmagából eredő
bölcsesség szabad
és mindent átható.
A tudatlanság teljesen
legyőzi önmagát.

Az Önmagától Eredő Bölcsesség

A természetes tudat az önmagától (önmagából) eredő bölcsesség, sok sajátos tulajdonsággal, melyek egyike az önmagától eredés. Az „önmagától eredés" azt jelenti, hogy születésmentes és akadálytalan. Születésmentes, mert nincsenek elsődleges vagy másodlagos okai. Az elsődleges ok a fő ok, mely okozattá alakul, ahogy a mag átalakul gyümölcsé. A másodlagos okok időszakosak, a gyümölcs támogatói, mint a víz, napfény és a talaj, melyek támogatják a mag növekedését. Az összes konvencionális valóság e két okból keletkezik.

A tudat természete az eredendő buddhaállapot. Nem szabadítja fel, és nem is gátolja semmi – ellenszer vagy tárgy.

A természetes állapot lényege eredendő, mástól való függőség nélkül, és eredendően ismeri önmagát. Ezért nevezzük önmagától eredő bölcsességnek, vagy tibeti nyelven Rangdzsung Jesi. Képzeld el ezt: a nap süt, és a sötétség automatikusan eltűnik. Sosincs tudatlanság a természetes tudat alapjában. Ezt az állapotot ismerő személy felismerte az önmagától eredő bölcsességet.

46.

A szárnytalan madárnak
nincs repülési lehetősége.
Légy bátor, energiával,
gyakorolj, és nézz
a természetes állapotra.

A Belső Bölcsesség Megjelenése

Néhány fontos feltétel szükséges a meditációhoz és gyakorláshoz: jó idő, megfelelő étel és ital, alkalmas idő és hely. Ezek mindig fontosok a kezdő gyakorlók számára.

A szerencsés személy számára a bölcsesség közvetlenül megjelenik, amikor a tanító első alkalommal bevezeti. A legtöbb embernek lépcsőzetesen kell haladnia. A következő a példa a gyakorlás három szintjére.

Példa az első szintre: Sok felhő van az égbolton. Nem látjuk mindig a napot. Csak néha látjuk a napot. Hasonlóan, a bölcsesség látásának sok akadálya van. Először a gyakorló stabilitást kell kifejlesszen a gyakorlásában, ne legyen elcsüggedve, amikor a kétségek felhői megjelennek tudatában.

Példa a második szintre: A napfény betölti az egész teret, minden irányban ragyogva. A tapasztalással a gyakorlók kételyei eltisztulnak. Bizalmuk lesz a bölcsesség szemléletében és a meditációban.

Példa a harmadik szintre: Az arany-szigeten minden aranyként jelenik meg. A gyakorlóknak folyamatos bölcsesség jelenik meg. Amit a testükkel, beszédükkel és tudatukkal tesznek, nem távolodik el a bölcsességtől. A tanítások szerint, itt a bölcsességnek sok megnyilvánulása van: nyolcvannégyezer bölcsesség, hatvanegy bölcsesség, öt bölcsesség. A meditáló látja az összes bölcsességet.

47.

A hullámok eltűnnek
az óceánban,
a bolygók eltűnnek
a térben,
és az összes jelenség
eltűnik
a tudat természetében.

Átvágás vagy Trekcsö

A tibeti „trekcsöd" kifejezés a kétségek és téveszmék „átvágását" jelent az eredendő buddhaság irányába. Bizonyos tanítások azt mondják, hogy a trekcsö a lusta gyakorló gyakorlása, hogy erőfeszítés nélkül, gyorsan elérje a megvilágosodást.

Az eredendő buddhaság a megvilágosodás négy módozatával rendelkezik. A gyakorló teljesen felismeri önmagát, abszolút kétségek nélkül marad, folytatja közvetlenül a megszabadulás bizalmával, és folyamatosan gyakorolja az eredendő természetes állapotot, ahogy le van írva. Ezért nevezik „átvágás gyakorlásának".

A trekcsö gyakorlásánál itt nincs alap, nincs út, ahogy le van írva más járműveknél. A többféle ellenszer nem szükséges a többféle negativitáshoz; itt csak a létforgatag egyetlen ellenszere van. Itt, a természetes állapotban nincs a gondolatok megszűnése és létrehozása sincs. A jelenség és az összes negatív gondolat közvetlenül felszabadul a veleszületett természetes állapot eredetükben. Itt nincs negativitás, létforgatag vagy szenvedés.

Bármi is jelenik meg, az összes jelenség a gyakorlásod barátja lesz. Például, amikor rablók törnek be a házba, és szétnéznek, hogy mit vigyenek el, üres kézzel mennek el, mert a ház üres. E gyakorlással fokozatosan a megragadó gondolatok gyökere lecsökken, a karmikus elhomályosulások felszabadulnak a belső tudatosságban. Ezért nevezik átvágásnak.

48.

A jelenségnek nem
csak vége van, vagy megáll.
Visszamegy az eredetéhez,
és végül felszabadul.

„Tögal" Közvetlen Átkelés

A tögal (thod gal) csak a trekcsö gyakorlása után következik, amikor ez utóbbi már jól megalapozott. Akkor a gyakorló erőfeszítéseket tesz a fényességek látására. Például, itt van a gyertya fénye a vázában fölül és a váza üvegén keresztül is világít. Tudatosságunk a szívünkben van, a csatornák az utak, és a szemek a kapuk. A tögal gyakorlás igyekszik a fényszerű bölcsességet látni a szemekkel.

A tögal gyakorlásának négy kulcspontja van. Az első kulcspont olyan, mint az őr az ajtóban. Valóban lát a személyes megfigyelés által. A második kulcspontot a vendégház példája illusztrálja, ahol a tárgy stabil és változatlan. Az égbolt, nap, hold, lámpafény tárgyak maradnak, amikor rájuk nézünk a szemeinkkel. A harmadik kulcspont a szelet és a lélegzetet határozza meg, hogy finom és lassú kell, hogy legyen, mint amikor a rabló a házban járkál. A kilégzés és belégzés nagyon finoman a fogak között történik (orron-szájon). A negyedik kulcspont a tündöklő napfényszerű tudatosság, mely a fényességeket megnyilvánítja. Ebben az időben a tudat nyugszik a feltételmentes dharmakájában, tárgymentesen és ragaszkodás nélkül. E gyakorlással a fények megjelennek, tekintet nélkül a fényességre vagy homályra.

A gyakorló sok jelzést kap a gyakorlás általi tapasztalata által, mint a fénykupola tér, vagy a bölcsesség megnyilvánulása körökként. A bölcsesség jelzése a buddhatest is, a szakadatlan körökként és fényekként. A tanítások azt mondják, hogy a gyakorló, aki nagy erőfeszítést tesz a megszabadulásra e gyakorlás által, nem függ az összegyűjtött karmájától, az unalomtól vagy élességtől. A tögal gyakorlásnak négy fokozata van a fények megnyilvánulásához. Végül az összes fényjelenség kiüresedik és felolvad a külső jelenség eredendően tiszta alapjában. Felolvad a külső jelenség, a belső test, a szelek és gondolatok köztes pillanata, a nagy szivárványtest megvalósítását eredményezve.

49.

A kettős gondolat
az alany és tárgy.
A nihilizmus
a jelenség megnyilvánulásának
hiánya.
A Középút
a szélsőségektől mentes.
A helyes megvalósítás
meghaladja
a négy szélsőséget.

A Megragadó és Megragadott Nem-kettősségének Szemlélete

Mi a megragadó és megragadott? Az alany és a tárgy. A tárgy első megjelenésekor az érző lény tudatában, megragadás jelenik meg, gondolatáramot hozva létre. Példa, amikor a rovar beleragad a pókhálóba; és minél többet mozog a rovar teste, annál jobban belebonyolódik a hálóba. Az „én" és „enyém" összes tudatlansága és eszméje a megragadóból és megragadottból jön. Az ego-ragaszkodás is ennek a része. Végső soron a létforgatag is ilyen módon jelenik meg.

A karma a téveszméből jelenik meg, és a téveszme az egoragaszkodás szemléletéből. Például, ha sötét éjjel látunk valami hosszút és vékonyat, mely valójában sokszínű kötél, gondolhatjuk, hogy kígyónak néz ki. Rátekintve azt gondoljuk, hogy valódi kígyó; félni kezdünk. Ez a félelem a téves felfogásunkhoz való ragaszkodásból adódik. Azonban, amikor a tárgy a gyakorló számára jelenik meg, azonnal integrált a Természetes Állapotban, ahol nincs alany és tárgy.

A megragadó szemlélet miért téves felfogás? Bármi is jelenik meg először – hol keletkezett? Hol tartózkodik? Hova tűnik el? Mindent áthat a belső tudatosság. Nemkettős a természetes állapotban. A magas szintű gyakorlók szerint nincs visszautasítás, nincs negativitás. Ha az aranyszigetet elképzeljük, nem találunk itt földet vagy követ. Meditáció közben, megragadás nélkül folytatnunk kell ülésünket. Itt nincs különbség a megfigyelő és a megfigyelt között. Nem-kettős. Ezt nevezzük „önmagát ismerő bölcsességnek". Ennek tapasztalásával legyőzzük az eltévedést és zavarodottságot. Automatikusan megszabadulunk, vagyis elérjük a megvilágosodást.

50.

Nevet kapva,
van aki ragaszkodik
hozzá.
Ehhez ragaszkodva,
kötődik.
A kötődés
letérés a gyakorlásról.
Letérés a gyakorlásról,
a létforgatagban vándorlás.

Nemcselekvés és Nyomtalanság

Dzogcsen szempontból is van szemlélet, meditáció és cselekvés. Azt mondjuk e három dologra, hogy nemcselekvés (erőfeszítésmentesség) és nyomtalanság. Ez bármilyen cselekvés erőfeszítésmentességére kell, hogy vonatkozzon, meghaladva a gondolatok megragadását, és meghaladva a szavakat és beszédet. A Természetes Tudatnak nincs oka. Nem lehet számlálni. Ebből a szempontból, nincs szükség reményre és félelemre. A Természetes Tudatot sosem alkották buddhák vagy istenségek, nem tud rajta változtatni az intelligens személy sem. Ezért mondjuk ezt nemcselekvésnek.

Mi a „nyomtalanság"? A példa a madár repülése az égbolton, nem hagy nyomot. A dzogcsen meditáció és szemlélet jelentése, hogy nincs kezdete vagy eredete. Nincs tartózkodási hely a jelenben. És a jövőben sincs hely, ahova menjen. A szemlélet a nézettől mentes. A meditáció a meditációtól mentes. A viselkedés cselekvésektől mentes. A fogalmak, téveszmék és negativitások valójában alaptalanok. Gyakorlásunk során ezek megjelenését észrevesszük. Felszabadulnak a Természetes Állapotban. Ezt jelenti a „nyomtalanság". Összegezve, azt mondjuk e gyakorlásra, hogy „nemcselekvés és nyomtalanság".

51.

A Tudat tárgyra
összpontosításával
a csapongó gondolatok
egyre jobban
lenyugszanak,
és a bölcsesség
egyre jobban
megjelenik.

A Nyugodt Időzés és az Átlátás Meditációja a Dzogcsenben

A dzogcsen szerint itt három meditációs módszer van:

- samatha vagy nyugodt időzés,
- vipasjana vagy átlátás,
- a samatha és vipasjana egysége.

Mondhatjuk, hogy itt kétféle samatha módszer van, általános és sajátos. Az általános módszer a teljesen kezdő gyakorlóknak a tárgy koncentrált nézése, mint egy kis szobor, vagy a tibeti Á betű. Később, a haladásunk által, a tudatunk nyugodtabb és kényelmesebb lesz, és hosszabb ideig a tárgyra összpontosított maradhat. Összességében itt kilenc fokozat van az általános samatha gyakorlásakor. A dzogcsenben, ha nem is érjük el az általános samatha tapasztalás csúcsszintjét, szükséges a tudati rögzítés és lenyugtatás gyakorlása. A dzogcsen samatha sajátossága, hogy az összpontosítás aspektus az eredendő bölcsesség üresség minősége. Az eredendő bölcsesség megvalósításával az összes jelenség eredendő – feljön, van és visszaolvad az eredendő óceánba –, ezért mondjuk nyugodt időzésnek.

A dzogcsenben a vipasjana a belső bölcsesség világos minősége. Önmaga ismeretével feltárja az önmagát ismerő bölcsesség világos minőségét. A látomások és hangok világosok és meztelenek lehetnek, ahogy a világosságok megjelennek a tapasztalás változatosságában. Mik a belső világosság jelei? Például, a világosság megjelenése, ha valaki sötételvonulást végez, képes lesz olvasni, írni, alakzatokat látni a szokásos fény nélkül. Fel tudjuk ismerni a belső világosságot a Természetes Tudaton történő meditáció módszerével. A samatha és vipasjana egyben van a természetes állapotban. Hogyan tegyünk szert erre a megvalósításra és tapasztalásra? A samathat véve, az üresség minőségének benne rejlően világos minősége van, mely spontán megjelenik a tapasztalásodban és megvalósításodban. A Természetes Tudaton meditálva, a samatha és a vipasjana egységben benne van a gyakorlásban.

52.

A dzogcsenben,
a tanítványok,
akik méltó edények,
különleges viselkedéssel
próbálkoznak,
a jó és a rossz viselkedés
megkülönböztetése nélkül.

A Három Tevékenység a Dzogcsen Útján

A test, beszéd és tudat tevékenységei segíteni tudják a dzogcsen útján való haladásunkat.

Kezdőként igyekeznünk kell elérni a stabil, zavarodottságmentes nem-meditáció állapotát. Ahogy haladunk, ezt behozzuk, vagyis vegyítjük apránként a tevékenységeinkbe, tapasztalást fejlesztve ki, ellenőrizve sikereinket a zavartalan természetes állapot felmérésével. Végül minden tevékenységünk támogatja gyakorlásunkat.

Kezdetben a test gyakorlatát az alap ülőhelyzettel indítjuk. Ahogy haladunk, belevihetjük a szem, kar vagy láb mozdulatait, ellenőrizve meditációs állapotunkat. Ha képesek vagyunk stabilitásunk megtartására, felállhatunk, járhatunk, körbejárhatunk, leborulhatunk és egyebek. Végül, még élénkebb tevékenységeket is behozhatunk, mint az ugrálás és a futás – így behoztuk az összes fizikai tevékenységet. A meditációs állapot e mozgások alatt való fenntartása sikert eredményez a testünkkel a dzogcsen útján haladáshoz.

Az alap beszéd gyakorlás a csend. Több tapasztalással, belefoglalhatunk mantrákat és imákat. Ellenőrizzük minden lépésünket az úton, hogy képesek vagyunk-e fenntartani zavartalan meditációs állapotunkat, miközben az emberekkel beszélgetünk, éneklünk vagy nevetgélünk. Még amikor vitába keveredünk is. A meditációs állapot fenntartása a siker mértéke a dzogcsen útján a beszéd által.

Az alap tudati gyakorlás a meditációval, hogy még mindig a tudattal vagyunk és a természetes állapotban tartózkodunk. Például, nagyobb tapasztalattal, végezhetünk pozitív tevékenységeket, mint magunkat istenségnek vagy buddhának képzelése. Ha tudatod zavarodottságtól mentes, megnövelheted a vizualizációt, hogy több aspektust tartalmazzon, beleértve az összes megvilágosodott minőséget, a mandalát és egyebeket. Sikeresen, a további tevékenységek magukban foglalják minden megjelenő jelenség, gondolat és érzelem elemzését. Ezek a tevékenységek a siker mértékei a dzogcsen útján a tudattal.

A test, beszéd és tudat tevékenységei sikert hoznak, sokkal hasznosabb gondolatokkal a ragaszkodástól, szenvedéstől, reménytől, félelemtől, akadályoktól, nehézségektől és haláltól szabadon.

53.

Figyeld,
ahogy tudatod
megragadja a csapongó
gondolatokat.
Ha a nagy gyönyörben tartózkodsz,
visszatér
és önmagától lenyugszik.

Jogorvoslatok a Feljövő Fogalmak Meditációjához

Meditáció közben sok gondolat megjelenik zavarodottságként. Mit tehetünk ennek legyőzésére? Be tudjuk építeni e három módszert a gyakorlásunkba.

Példa: A rabló látja a gazdátlan házat, és bemegy, hogy elvigyen valamit. Nem talál semmit bent a házban. Másnap, amikor újra megnézi a házat, már tudja, hogy üres.

Ennek jelentése: Kezdetben keressük a gondolatok forrását, ami üresség. A megvalósítás elérésével (mely felszabadulás a természetes állapotban), ha gondolat jelenik meg, azonnal felismerjük a természetes állapotot.

Példa: A csónakban lévő személynek van egy madara. A madár elrepül a csónaktól. Később visszajön, anélkül, hogy a személy várta volna.

Ennek jelentése: Amikor meditálunk, gondolatok járnak körbe, de nem kell rájuk várnunk a visszatérésükhöz. A gondolatok visszajönnek, és ekkor felismerjük állapotukat. Nincs elválás a természetes állapotban.

Példa: Felhők mozognak az ég terében. Nincs más forrásuk a téren kívül.

Ennek jelentése: A valóság az, hogy a gondolat feljön, van, és eltűnik a természetes állapotban. Ezt nevezzük öntisztító gyakorlásnak.

54.

A nyári mocsárban
a növények nőnek,
bármi is történik.
A megvalósított bölcsben
a különleges tapasztalások
megnyilvánulásai
megjelennek,
bármit is tesznek.

Különleges Tapasztalások és Megvalósítások

A különleges tapasztalások valamilyen módon bizonytalanok az érzések és gondolatok nagy változatosságával. A különleges tapasztalásoknak három fő kategóriája van, az úgynevezett gyönyör tapasztalás, világosság tapasztalás és gondolatmentesség tapasztalás. Ezek a tapasztalások megjelennek minden meditációban – samatha, vipassana, mahamudra, és természetesen, a dzogcsen meditációban is. Ezek a tapasztalások előfordulnak a vallásos hagyományokban.

1. A meditáció alatt a gyönyör tapasztalás megjelenhet egyformán a testben és a tudatban is. Az érzés nagyon

finom, vidám, örömteli, nagy boldogsággal. Amikor tudatod elnyugodott, teljesen könnyed, és teljesen akadálytalannak érzed a gyakorlásodban, az üresség és világosság egységének megvalósítása megjelenik.

2. A világosság tapasztalásának jele az éberség érzése, beleértve az olyan megnyilvánulásokat, mint a holdfény, pirkadat, vagy egy nagyon fényes sátorban ülés. Néha a tested nagyon könnyednek érzed, mint a toll. Örömet és boldogságot érezhetsz. A világossággal folyamatosan fenn tudjuk tartani a fogalommentes nagyon stabil meditációt.

3. A fogalommentes tapasztalások akkor jelenhetnek meg, amikor a meditációban nem veszíted el a stabilitást a természetes állapotban. Fogalmak nem jönnek föl, és nem követjük a gondolatokat. Érzed a megvalósításod tapasztalását a természetes tudatodban; meghaladja a szavakat, mint a néma álma. Itt nincsen szemléltetve semmi tárgy.

A tanítás azt mondja, hogy ha e tapasztalások valamelyikét elérted, ne légy öntelt a gyakorlásoddal, folytatnod kell a fejlődést. A megvalósítás az Eredendő Buddhaság belső tudatosságát jelenti, mely fokozatosan a gyakorlással megvalósul. A megvalósítás fejlődésének sok szintje van.

A dzogcsenben azonban a különleges tapasztalások világosan megkülönböztetettek a megvalósítástól.

55.

A világosság a lényeg,
és az üresség
a Dharmakája természete.
Megvalósításukkal
az összes buddhacselekedet
az érző lények számára
automatikusan megjelenik.

Lényeg, Természet és Együttérzés

A dzogcsen tanítások szerint a természetes állapotnak három fontos minősége van: lényeg (ngobo), természet (rangsin) és együttérzés (tugdzse). E gyakorlás oka és ösztönzője a fejlődés a buddhaság eléréséért, és a cselekvés az összes érző lény javára.

A dzogcsen szemlélet szerint itt van a nagy egyetemes alap – az alapvető nagy eredendő tisztaság. Megjelenik a tudatod természete felismerésével. Valami olyat érzel, mintha az óceánt látnád. Sok hullám jön-megy minden pillanatban, de nem válnak el az óceántól, mely az egyetemes alap számukra. Ez a természetes tudat üresség minősége. Ezt nevezzük a természetes állapot lényegének.

A második minőség az úgynevezett természetes világosság vagy tisztaság. Olyan, mint a vázába helyezett gyertya. Élénken világos a pillanatban, és a körülötte lévő fény forrása. Ez a nagy fényesség. A három nagy jelenség ereje megnyilvánulásának forrása, melyek a hang, szín és fény. A megvilágosodott testek és bölcsességek spontán benne vannak a világosság minőségben. Például, a halál utáni köztes lét időszakában tapasztaljuk az öt különböző fény és öt különböző birodalom megnyilvánulásait.

A természetes állapot harmadik minősége az együttérzés; mely az üresség és világosság egysége, és semmilyen megnyilvánulás nem akadályozza a természetes állapotban. A lényegi üresség és a természet világosság egységéből jön létre a tevékenység minden érző lény javára. Az együttérzés nagy egysége minőségében tevékenységeket folytatunk, kiáradva minden érző lényért.

A gyakorló a legmagasabb megvalósítása elérése után, amikor az öt fény megjelenik a köztes állapotban, képes megtartani természetes állapotát. Abban az időben a gyakorló meg tudja érteni, meg tudja valósítani a test, beszéd, tudat, tárgyak vagy bármi megnyilvánulás káprázatát. Öt különböző fény, öt különböző tiszta föld, öt különböző istenség és mandala is mind megjelenhet. Amikor megértjük a természetes állapotot, sokféle tevékenységünk lehet az érző lények javára az együttérzésünk minősége következtében.

56.

A jelenségnek
nem csak vége van,
vagy megáll.
Visszatér
az eredetéhez,
végül visszajutva
a forráshoz és
megszabadulva.

A Két Igazság Elválaszthatatlansága a Dzogcsenben

Buddha 84000 módszert tanított, 360 tanítási kategóriába foglalva, a tudat természete megértéséhez. E tanításai alapja a két igazság, a viszonylagos és a végső. A legtöbb érző lény tudatlanságának és káprázatának oka a tudatuk téveszméjéhez kütött, mivel nagyon nehéz a két igazság elválaszthatatlanságának megértése. Rejtett a megvalósításban.

Általában az emberek bármit látnak vagy gondolnak, hisznek benne, és aztán a szemléletükre további gondolatokat és ragaszkodásokat építenek. A közönséges szemlélet szerint, ami megjelenik, számukra igaz. De valójában nem igaz, hanem káprázat. A varázsló a káprázattal játszik a közönségnek, mint elefántok és lovak, és néhány néző valósnak gondolja. Hasonlóan, általában az embereknek a megnyilvánulások tárgyakként léteznek – jó, rossz, barát, ellenség, szép, csúnya, pozitív, negatív stb. Miért nevezik viszonylagos igazságnak? Azt jelenti, hogy a közönséges megnyilvánulások valójában hamisak.

A másik igazság a végső igazságnak mondott. Amikor az illúzió működik, a varázsló már tudja, hogy nem igaz. Hasonlóan, tudhatjuk, hogy az összes jelenségmegnyilvánulást áthatja a végső igazság. Akik elérik a dzogcsen szemlélet legmagasabb tapasztalását, látják, hogy a jelenség a tudat természetének megnyilvánulása. Ők tudják, hogy valójában nincsen valóban létező pozitív vagy negatív minőség a tárgyban. Értik, hogy az összes jelenség a végső igazság egyetlen gömbjébe van pecsételve. Senki sem válik el a végső valóságtól.

A tanítások azt mondják, hogy ezek a szemléletek a két igazság elválaszthatatlansága. Eltisztíthatjuk az örökkévalóság és nihilizmus szélsőségeit e szemponttal. A dzogcsenben különösen egy igazság van, az egyetlen gömb szemlélet következtében.

57.

Bizonyos szerencsések,
akik mély bizonyossággal
rendelkeznek,
feltörik a három pecsétet,
és aztán beteljesítik
a három dinamikus energiát

Az Alap-megnyilvánulás Megjelenítése

Az egyetemes alap sosem szennyezett. A jelenségektől zavartalan. Például, a felhők megjelennek és eltűnnek az égbolton, de nincsenek hatással rá. Itt kétféle alapmegnyilvánulás van: tiszta és tisztátlan.

A tapasztalt gyakorló számára egészen a kezdettől, az együtt felmerülő bölcsesség egyszerre jelenik meg a három finom jelenséggel. Azok, akik megértik és tapasztalják, hogy bármi is jelenik meg számukra tárgyként, formaként, hangként és színként, valójában nem létezik és káprázathoz hasonló, akik folyamatosan az eredendő megvilágosodott állapotban maradnak, sok különböző buddha-testet, buddha-beszédet és buddha-tudatot áraszthatnak ki az érző lények javára.

Az átlagembernek, amikor kezdetben a három finom jelenség egyidejűleg megjelenik, a finomtudat elemzi a jelenség finom formáit, hangjait és színeit; ezt együtt felmerülő tudatlanságnak nevezzük. Miért tudatlanság? Például, amikor a tükörbe nézünk, az tükrözi az arcunkat; amit érzékelünk, az nem a valódi arcunk. Ehhez hasonlóan, a tudatlanság összezavar, és a tárgyat a valódi állapottal ellentétesnek azonosítja be.

Ez után azonnal a durva tudat megjelenik és megragadja a tárgyat; ezt nevezik fogalmi tudatlanságnak. Ez a tudatlanság az együtt felmerülő tudatlanságból jelenik meg, és erősíti a tudati megragadást, vagy a szélsőséges hiedelmek tartását és a téves érzékelés állapotait.

Akik nem értik, és megvalósítással nem rendelkeznek az alapmegnyilvánulás valódi állapotáról, mindig bajba kerülnek, még a köztes állapot fontos időszakában is. Abban az időben az eredendő buddhaság megjelenik, de nem ismerik fel.

Tapasztalás nélkül az eredmény a három birodalomban és a lények hat osztályában körözés, és itt sok szenvedés lesz a következő életben. A megvalósítás az alap-megnyilvánulás valódi állapota tapasztalásától függ.

58.

A más járművek hibái
kivétel nélkül lecsitulnak.
A más járművek jó tulajdonságai
erőfeszítés nélkül és spontán
benne vannak a dzogcsenben

A Végső Természet Csak a Dzogcsennel Tárul Fel

A tibeti hagyományban a tanításokat általában két különböző rendszer szerint adják: kilenc jármű vagy három jármű. Mindkét rendszerben a dzogcsen a befejező jármű.

Itt van a példa, amikor vak emberek körbeveszik és tapogatják az elefántot, hogy meghatározzák, hogyan is néz ki. Az egyik személy az elefántot magasnak írja le; a másik személy az elefánt farkát fogja, és azt mondja, hogy kígyóhoz hasonló; a másik személy a fülét fogja, és azt mondja, hogy olyan, mint egy levél; a másik személy érzi az agyarát, és azt mondja, hogy az elefánt szarvhoz hasonló. Mindegyik leírja az elefánt testrészét, de egyik sem helyes, nem az elefánt teljes képe.

Bármelyik jármű rendszerét nézzük, az alsó járművek ilyenek – csak a valódi állapot részét értik. De a kilencediken, vagyis a dzogcsen végső járművén a teljes szemlélet feltárul, magába foglalva az alsó járművek összes minőségét.

59.

A hang ön-eredő
hangként nyilvánul meg,
a fény napfényhez
vagy szivárványhoz hasonló,
a sugarak a napsugarak
hálójához hasonlók.
Ezek az eredendő természetes
állapot tulajdonságai.

A Világosság Felismerésének Erőteljes Módszere

A természetes állapotodnak két minősége van: üresség és világosság. Nem kell sokat magyarázni ezeket a tulajdonságokat. Az üresség az alap tér. A világosságnak három megnyilvánuló minősége van: szín, hang és sugarak. A forrás csak belül van; semmi sem létezik kívülről.

A fontos tulajdonságot fel kell ismernünk, és hinni, hogy a világosság a belső bölcsességből van. Ezért itt nagyon fontos és erőteljes módszer a világosság felismerése belülről.

Üljünk kényelmesen párnán vagy széken, és lélegezzünk be. Zárjuk el a füleket a hüvelykujjakkal, zárjuk el az orrot a kisujjakkal, és takarjuk le a szemeket a többi ujjakkal. Tartsuk a lélegzetet egy pillanatig, és nyugodjunk a természetes állapotban. A három világosság egyszerre megjelenhet. E világosságok megjelenésekor emlékezz, hogy ők pusztán az alap tér megnyilvánulásai. Olyan, mint a nap és a napfény, vagy az óceán és a hullámai. A tanítás azt mondja, hogy amikor tapasztalatod van ebben a gyakorlatban, fejleszteni tudod. Ezért fel tudod ismerni a világosság minőségét, még a halál utáni köztes létben is.

60.

A végső tanítás
lényege:
amikor valaki fél tőle,
az alsó járművek
szűk tudatába
zavarodik.

A Szennyező Kétség

A gyakorlásunk tökéletes beteljesedésének sok akadálya van. Egy komoly probléma a kétség. Csapda, mely nagyon nagy akadály lehet a Természetes Tudat felismerésének a dzogcsen útján. Hogyan károsítja gyakorlásunkat? Általában láthatjuk, hogy a kétség ilyen okokból jelenik meg:

1. Azt gondoljuk, hogy közönséges érző lények vagyunk, így nincs megvilágosodott minőségünk, és ezért mindig nehéz életünk van.

2. Meditáció alatt, amikor a természetes állapotunkban tartózkodunk, sajátos tárgyra való összpontosítás vagy vizualizáció nélkül, nem érzünk elégedettséget.

3. Azt gondoljuk, hogy pozitív tevékenységeket folytathatunk a közönséges tudat használatával, habár a tanítás kimondja, hogy a végső igazság elképzelhetetlen.

4.Tagadjuk, hogy itt nincs az ok és hatás különbsége; a megszabadulás nem történhet istentől vagy buddhától, csak a saját eredendően tiszta minőségünk által.

5.Nem sikerül gyakorolnunk az eredendően tiszta tudatosság közvetlen beteljesedését, az összes módszert egyesítve, egyetlen gyakorlatban.

A tanítás azt állítja, hogy gondolataink túl hozzászokottak az éntapasztaláshoz, akadályozva minket a Természetes Tudat felismerésében. Tehát, a tanítás bevezet a Természetes Tudat minőségeibe, de e kétely erőteljes akadálya az elérésének.

61.

Lásd a megnyilvánulásokat
saját arcodként.
Mint arcod
tükröződését
a tükörben.

A Jelenség Különösen Jó Tanító

Bármit is látunk, vagy gondolunk, erős ragaszkodást alakítunk ki a tárgy felé. Azután, ezek a tárgyak azonnal megváltoznak és eltűnnek, mert nincs független alapjuk. Az összes tárgy más tárgyaktól függ. Függetleneknek látszanak, ha nem ellenőrizzük eredetüket. Valóban megvizsgálva a jelenség eredetét, nem stabil.

Például, bizonyos gyakorlók fák alatt élnek; a fák levelei növekednek, lehullanak, az évszakokkal változnak. Bizonyos gyakorlók tető nélküli házakban laknak; ők láthatják a csillagokat mozogni az éjszakai égbolton. Bizonyos gyakorlók a temetők mellett élnek; ők láthatják a holttesteket – frisset, fiatalt, időst, rothadót, kiszáradtat, vagy részeire szakadtat. Ezek példák a természetes tudat megtalálására a változó jelenség által.

Nézzük az autót; sok részből áll. Egymástól elválasztva ezeket a különböző részeket, nem találjuk, hol is az autó. Ugyanez van az emberi lényekkel is. Megjelenünk független „énként", de ha megvizsgáljuk önmagunkat, látva valódi állapotunkat, sehol sem találunk olyat, hogy „én" vagy „te".

A jelenség mindig felmutatja a tárgya valódi állapotát, de a közönséges tudat nem ismeri fel. A gyakorlóknak azonban jobb esélyük van az igaz természetük megértésére, megvalósítására. Az egyik módszer annak felfedezése, hogy a megnyilvánulás honnan jött, és a felolvadása helyének megtalálása. E jelentés megértetésével a jelenség megtanította számunkra a végső igazságot. Tehát, amikor magasszintű tapasztalásaink vannak, az összes megnyilvánulás a gyakorlásunk barátja. A beteljesedett gyakorlók szerint, a jelenség már szélsőségesen jó tanító.

Köszönetnyilvánítás

Hála mindazoknak, akik átnézték, szerkesztették és erőfeszítésükkel hozzájárultak e könyv létrejöttéhez. Külön szeretném kifejezni őszinte köszönetemet Urgyen és Csontos Éva Etelkának.

Ki szeretném fejezni hálámat a Kunsang Gar bizottsága személyzetének és a szangának a folyamatos támogatásukért és részvételükért sok nagy dharma tevékenységben, melyek következtében e könyv is gyümölcs.

A Szerzőről

Geshe Dangsong Namgyal tanító, szerző, költő és meditációmester. Tibetben született, fiatalon kolostorba került, alapozó tanulmányait a buddhista és a bön dzogcsennel kezdte. 1991-ben elhagyta Tibetet, hogy további haladott tanításokat kapjon Nepálban és Indiában. Éveken keresztül tanulmányozta a logikát, buddhista pszichológiát, Pradzsna-paramitát és Madhjamikát a Sera Je kolostor Nalanda hagyománya szerint. A Menri és a Triten Norbutse bön kolostorokban tanulmányait a szutrára, tantrára és a dzogcsenre összpontosította. 25 év tanulás és meditáció után elérte a Geshe fokozatát, ami a Nyugati doktorátusnak megfelelő.

Jungdrung bönt és más buddhista hagyományokat oktat, képzett rime tanítóként. A rime tibeti kifejezés „szektásságmenteset" jelent.

Spirituális tréningjeivel különösen mély tudást fejlesztett ki, így világosan közvetítve a lényegi tanításokat és jelentésüket. Kilenc könyv szerzője tibetiül, a tibeti kultúráról, történelemről és vallásról, és számos konferencián vett részt Ázsiában, Európában és az Egyesült Államokban. 2013-ban Kaliforniába költözött, a nyugati tanítványai oktatásáért. Megalapította a Kunsang Gar Központot, melynek pillanatnyilag a spirituális igazgatója és tanítója.

www.ingramcontent.com/pod-product-compliance
Lightning Source LLC
Chambersburg PA
CBHW030441010526
44118CB00011B/735